はじめの一歩

THE FIRST STEP!

起業をするならこの1冊

経営コンサルタント
馬渡 晃［著］
弁護士
吉田 杉明［法律監修］

自由国民社

はじめに

本書は起業成功のための応援本です。これまで改訂を重ね、起業について「漠然と考えている人」から「決意を固めている人」にまで幅広く活用頂いてきました。その間、読者の方からは「自分のやりたいことがはっきりした」、「一歩踏み出す元気をもらった」、「努力の方向性が定まった」といった多くのメッセージを頂きました。

今回の改訂6版でも、起業についてマインド面から実務面まで詳しくお伝えしていきたいと思います。

本書は序章も含めて全6章で構成されています。

序章では、「起業前に考えておきたいこと」として、様々な業種、規模、年齢、キャリア、目的の異なる起業成功例などについて紹介しています。先輩起業家達の起業への思いを感じてください。

1章では「起業マインド編」として、そもそも「起業とは何か」、「起業に必要な条件や心構え」について紹介しています。筆者の経験を踏まえて、「起業して変わったこと、変わらなかったこと」などについても紹介しました。

2章では「起業戦略編」として、起業にあたっての基本的な戦略、経営の基本について解説しました。やはり起業は「気合い」だけでは成功しません。また起業における「一時的な成功」と「継続的な成功」の違いも理解してください。

3章では「起業実践編」として、業種別、年齢別、ライフスタイル別など様々な起業スタイルについて紹介しました。あなたがイメージしている起業スタイルがきっと見つかるはずです。

4章、5章では、起業にあたっての様々な形態（株式会社、個人事業主など）のメリット・デメリット、設立方法や運営方法など実務的な知識について紹介しています。

全編、起業する人にとって必要かつ役立つ知識です。

それではあなたの起業成功に向けて、話を進めていきましょう！

２０２０年１月27日

著者

目次

第4章―さあ、会社（株式会社・合同会社 NPO法人など）を設立しよう　121

●序　章／成功するための準備編

起業前に考えておきたいこと

最近の起業&成功実例

◆本章の項目

1 最近の起業と成功のポイント
2 起業成功のためのチェックリスト
3 成功実例に学ぶ～この人たちが成功した戦略

成長市場のフィットネスに自社の強みをぶつける／オンサイト保守で、365日、全国対応を実現／得意分野の技術力プラスアルファの発想で成功／ライフスタイルを重視して翻訳で起業／強みを活かして営業代行で定年起業する／退職後の起業で、勤めていた会社を得意先に…／Uターン起業（旅行会社）で地元を活性化する／リサーチと地域にくわしい友人の助言で居酒屋を開業／輸入雑貨店を開業し、友人のネット通販でも販売／「自己実現」を目指して訪問介護で起業／ラーメン店をフランチャイズで起業／主婦目線の出張ネイルで開業／廃業予定の勤務先工場を引き継いで起業

1 最近の起業と成功のポイント～あなたの夢を実現！

1．起業のタイミング

最近の成功した起業家に多く見られる特徴として、「これだ」と思えるアイディアを思いついたら、まずは最小限の機能、最低限の投資で作った製品（プロトタイプ）を世に出していることがあげられます。自分ではどんなにすごいと思えるアイディアでも、思いついた時点では仮説にしか過ぎません。そこで実際に顧客の評価を得ることでアイディアやプロトタイプに磨きをかけるという段取りを踏むのです。これを複数回繰り返し、自分が提供しようとしている価値と、顧客ニーズのすりあわせが十分だと思えた段階で、本格的な事業展開を始めます。

たとえば、最近話題になっている起業成功例として、「隙間時間が余っている人とスポットでアルバイトを雇いたい人」のマッチング事業があります。この社長はまずは、極めて狭い地域限定でサービス提供を開始して、その評価を見ながらビジネスモデルをブラッシュアップしていきました。現在では順次提供地域を拡大しており、事業は急成長しています。

もしこの社長がいきなり全国展開を行おうとしていたら、初期投資が膨大になり、開発期間もかなり長くなっていたはずです。足踏みしているうちに、他の人が同様のアイディアを思いつき、先を越されていた可能性もあります。

本書では繰り返し、起業は少額投資から始めるべきだと書いています。少額投資でまずはプロトタイプから事業を始めることで、前述のようにビジネスモデルをブラッシュアップすることができます。また助走期間を通じて、社長としての経験値も蓄積されていきます。一定期間立ってから本格的な事業展開を行うことで、成功確率は高まるのです。

2．起業分野選択の3原則

本書をお読みの方の中には既に「この分野で起業したい」という構想が固まっている人も多いと思います。まずは以下の3つの視点でその構想を点検してみてください。

（1）自分の強みが活かせる分野であるか　起業分野の選択は自分の強みを確認するところから始まります。あなたがこれまでの仕事で培ったノウハウ、技術、人脈、資格、そして趣味分野での圧倒的な知識など自分の強みを確認した上で、それを最も活かせる分野は何かを考えます。

（2）自分が本当にやりたい分野であるか　起業すれば予想もつかないような様々な困難に直面します。また安定した収益を確保するまでには相応の期間がかかります。苦しい時期を乗り越えられるかどうかは、自分がその事業を何としてでもやり遂げたいという気持ち・執念にかかっています。

（3）収益が見込める分野であるか　起業分野で一定の収益が見込めるかどうかを確認します。たとえ大きな儲けは狙わないという起業であっても、事業継続には利益が必要です。十分な顧客ニーズがあること、競合が少ないこと、小資金で始められること、経費がかかり過ぎないことなどが大切です。

ここまで説明した「強みが活かせる」、「やりたい」、「収益が見込める」の3つの円を描き重なっている部分が、あなたに適した起業分野と言えます。今一度確認してみましょう。

3・事業継続のために大切なこと

さらに起業後に事業を「継続」していくために絶対に忘れてはならないことがあります。それはごく当たり前ですが、顧客や社会全体のために真摯に努力し続けること、決して手を抜かないことです。自分の利益の極大化のみを狙ったビジネスは短期的には成功するかもしれません。しかしそのようなやり方では「継続」はできません。儲かっていたビジネスが下火になったとたんに、周囲からそっぽを向かれてしまいます。これは私が長年経営コンサルタントとして多くの中小企業の経営支援に関わってきた経験から確実に言えることです。

＊

以下に起業成功のための詳細なチェックリストを用意しました。今すぐ自己診断をしてみてください。そして本書をご一読頂いたら、もう一度チェックしてみてください。きっと起業に向けてやるべき事が鮮明になっているはずです。さらに14ページ以下では起業成功例を掲げました。成功体験からその戦略などを学んでください。

2　起業成功のためのチェックリスト

★起業成功のためのチェックリストをまとめました。起業時に全ての項目をクリアしていることが望ましいですが、そうでない場合はどの部分が不十分であるかを認識して、今後どのようにクリアしていくかの目処を立てておくことが大切です。

またクリアしているかどうかの判断は、「自己判断」だけではなく、第三者に客観的な判断をしてもらうことも有効です。

◎ビジネスプラン	関連ページ
□・自分の強み(経験・知識・技術・資格等）を活かせる分野である	92
□・困難があっても継続できる自分の好きな分野である	42
□・商品、サービスに独創性があり、競合と差別化できる	80
□・販売するターゲット層が明確になっている	78
□・どのような顧客ニーズに応えるかが明確になっている	76
□・主な販売方法（対面、インターネットなど）が明確になっている	76・82
□・儲けるための仕組み（いくらで仕入れていくらで売るなど）が明確になっている	70
□・一時的にではなく継続できるビジネスモデルになっている	74
□・外部の人にも説明できるような5年後までの事業計画ができている	88
□・適切な起業形態（個人事業主、株式会社など）が明確になっている	122
□・経営の基本となる自分なりの経営理念がある	84
□・将来目指すべき姿であるビジョンが明確になっている	69

◎資　金	関連ページ
□・どの程度の初期投資資金が必要なのか明確になっている	56
□・どの程度の運転資金が必要なのか明確になっている	56
□・中古品の活用など投下資金を最低限に抑える工夫をしている	56
□・必要資金について自己資金で足りる、または資金調達の目処が立っている	58
□・初期投資資金額を最長でも2年程度で回収できる	56・88
□・起業後の不安定な時期を乗り切るための詳細な資金計画がある	88
□・借入金の返済等も含めた長期的な資金計画がある	58
□・助成金や優遇融資など公的資金を活用する、または検討した	90
□・当面の生活費については確保できている	54

□・事業がうまくいかない場合の撤退ラインを設定している 118

◎協力者 関連ページ

□・起業直後から顧客になってくれそうな見込み客がいる 51
□・勤めていた会社や同僚などから協力を得られそうである 87
□・業務上の協力をもらえそうな知人がいる 180
□・仕事に行き詰まったときに相談できそうな先輩経営者がいる 86
□・プライベートも含めて何でも相談できる友人がいる 86

◎家族の理解 関連ページ

□・会社を辞めて起業することについて基本的な了承を得ている 86
□・起業する事業内容や将来像について理解を得ている 88
□・一時的な収入減少などの経済的影響についても理解を得ている 86
□・家族と過ごす時間などライフスタイルの変化について理解を得ている 86
□・仕事面で協力してもらいたいこと（事務作業など）について理解を得ている 86

◎マインド・健康 関連ページ

□・起業の成功イメージが明確になっている（収益重視、社会貢献重視など） 69
□・今が起業すべきタイミングであると確信できる 44
□・起業することで自分の幸せに近づけるという確信がある 42
□・起業に耐えられる健康状態であり、その増進につとめている 51
□・起業に耐えられる強靭な精神力がある 52

◎基本的な経営知識 関連ページ

□・簿記や資金繰り BS・PL など経理に関する基本的な知識がある 190
□・マーケティングに関する基本的な知識がある 78
□・管理会計など経営管理に関する基本的な知識がある 190
□・問題解決手法（問題抽出・課題設定など）について基本的な知識がある 60
□・パソコンの基本的なソフトは使いこなせる －

（注）上記について、○△×の 3 段階でチェックするのもよいでしょう。ただし、全部が○でなければ成功しないというのではありません。△×については、今後の課題としてください。

3 起業成功例に学ぶ～この人たちが成功した戦略

起業成功例 1

成長市場のフィットネスに自社の強みをぶつける

■成長市場には当然ながら既に多くのライバル企業が存在し、また今後も多くの新規参入組が予測されます。その中で勝ち残っていくためには、自社の強みを確立し、かつスピーディに展開することが大切です。

●挫折からの再挑戦

中沢さんはもともと独立志向が強く24歳の時に書籍、CD、ゲームソフトのリユース事業での起業経験があります。しかしながらインターネットやスマートフォンの普及などによる流通環境の変化に対応できず、撤退を余儀なくされています。

そんな中沢さんが再挑戦の場に選んだのが、ここ数年市場が拡大し続けているフィットネス市場です。詳しく調べてみると、日本での人口あたりのフィットネス参加率は微増こそしているものの、欧米諸国に比べると半分以下と圧倒的に少ないこともわかりました。つまり欧米に近い水準まで利用者層を掘り越せれば、市場は今後も大きく拡大すると判断したのです。

●独自の小規模モデルを開発

現在のフィットネス市場拡大を牽引しているのが、初めての人でも気軽に利用できる小規模型フィットネスです。プールや大型スタジオなどのある総合型フィットネスと違い、ビルのワンフロアのみを借りて、そこにトレーニングマシンを設置してあるだけのスタイルです。会員のみに配布する専用キーや監視カメラの活用などによってセキュリティーを高め、店舗スタッ

＊初期投資の回収
一定の初期投資がともなう事業を始める場合、それをどのくらいの期間で回収するかをあらかじめ見込んでおく必要があります。たとえば３００万円の初期投資がかかる事業で投資を3年で回収するために、単純計算で毎年１００万円の償却前利益が必要になります。事業計画を策定する際には短期間の売上や利益だけではなく、初期投資回収に向けたシミュレーションが必須です。当然ながら初期投資が小さい方が早期回収につながります。
自分がやろうとしているビジネスについて、「提供する価値を損なうことなく初期投資をもっと下げられないか」

フ常駐なしに24時間365日営業も可能にしています。すでにいくつかの先行企業がありますが、寡占という状態ではありません。まだまだ参入の余地はありそうです。

中沢さんもこの業態に魅力を感じましたが、たんに先行企業を真似するだけではなく、自分ならではの強みを持つ必要があります。考え抜いたあげく、初期投資のコストダウンに目を付けました。小規模フィットネスの開業費用の多くは内外装費とトレーニングマシン代が占めます。この2つのコストを削減する工夫を重ね、ついに初期投資額を先行企業の半分程度までに抑えることに成功したのです。初期投資額が低額であるということは、投資回収までの時間が短くなり、それだけ利益が出やすい体質になるということです。中沢さんはその分を顧客に還元して先行企業よりも安い会費設定にしました。店舗や時間帯によっては先行企業の半額程度の会費で通うことが可能な料金に設定にしたのです。

そして満を持して1号店を開店。予想を遥かに上回る会員が集まりました。中沢さんの「もっと手軽に」、「もっと身近に」、「もっと安価に」フィットネスを利用して欲しいという想いが開花したのです。その後は直営店の数を4店舗にまで増やし、フランチャイズ募集を開始しました。

成功のポイント　フランチャイズ化で急拡大

中沢さんはリユース事業を行っていた際には全て直営店方式でした。この方式では新店舗を出す度に大きな資金が必要になるので、どうしても出店スピードは遅くなります。その当時の経験を踏まえて、今回のフィットネス事業は最初からフランチャイズ化すると決めていました。フランチャイズ方式では各店舗の初期投資はそれぞれのオーナーが負担するため、店舗数を一気に増やすことができるのです。フランチャイズ募集から1年半で、加盟店は30店舗近くにまで達しました。店舗数の増加とともに知名度も上がってきており、成長は加速しています。

という視点で再度検討してみましょう。

起業成功例

2

オンサイト保守で、365日、全国対応を実現

■世の中には顧客がトラブルに遭ったときに、いち早く駆けつけてくれるサービスがたくさんあります。自分の強みを使って、顧客のどんなトラブルに対して、どのような方法で問題を解決するかを考えることもビジネスモデルを検討する一つの視点です。

●緊急対応型オンサイト保守で飲食店を救う

長く飲食業界に勤務し、ITの導入や開発にも携わってきた石田さんは、飲食業向けのシステム全般を取り扱う会社から委託され、起業しました。事業内容は緊急対応型のオンサイト保守です。オンサイト保守とは、パソコン、ソフト、システム製品を現地で作業員が直接に保守作業をするサービスのことです。石田さんの会社の強みはこのようなオンサイト保守に緊急対応できることです。

飲食チェーンの多くでは、「お客様からのオーダー」→「ホールスタッフがオーダー情報をポータブル端末に入力」→「厨房にある端末で調理スタッフがオーダー確認」→「調理」→「提供」→「会計」という一連の流れが採用されています。この流れのどこかにトラブルが生じてシステムが使えなくなったら、現場は大混乱に陥ります。昔ながらの手作業で業務を回すのには限界があります。緊急対応型オンサイト保守は飲食チェーンにとって非常に頼もしい存在です。

●365日体制で対応

一般的なオンサイト保守ではユーザーがメーカーなどのサポートセンターに連絡してから、実際に修理にきてもらうまでには日数がかかります。しかし飲食店などが業務用に使用しているシステムにトラブルが生じた場合はそんな余裕はありません。そこで石田さんが実現したの

＊新しい価値を生みだす

規模や種類を問わず「新しい価値を生み出す」ということは、全ての起業にとって最も重要なポイントです。既存企業にはない価値を生み出さないかぎり、新規参入者が勝ち上がっていくことは難しいからです。「市場が小さすぎて大手が参入できない」、「この地域ではまだあまり知られていない」、「自分であればもっと高い価値を生み出せる」など切り口はいくらでもあります。この価値を新たに世の中に登場させることが起業であり、その価値を高め続けていくことが経営なのです。

が３６５日対応のオンサイト保守です。その流れは以下のようになっています。

（１）障害連絡を一括して受け付けるコンタクトセンターを設置し、製品の状態や故障具合、トラブルに至る経緯の説明を受け、不具合の原因を把握

（２）地理的条件や時間的条件などを考慮して、最適な保守技術者を手配

（３）技術者が現地を訪れ障害解消

同社のサービスは特定のメーカー向けのみではありません。複雑化したシステムにワンストップで対応するために、マルチベンダー保守（メーカーを問わないサポート）を行っています。そのため、サーバやネットワーク機器が複数メーカーによって構成されているため、保守メンテナンスが煩雑である、という顧客の問題にもワンストップで対応することができます。

成功のポイント

パートナー制活用による固定費の変動費化

３６５日のオンサイト保守を可能にしている大きな要因の一つとして、保守要因にかかる人件費を変動費化したことがあげられます。いつ起こるかもしれないユーザーのシステム障害に備えて、全国規模で自前の技術者を常時雇うことは現実的ではありません。石田さんの会社でオンサイト保守を行っているのは、全国から募ったパートナーです。パートナーは石田さんの会社の社員ではありません。それぞれが本業を持っており、必要に応じて石田さんの会社の指示で現場に急行します。

このスタイルを採用することによって、石田さんの会社は多数の技術者を雇用するための固定費を回避することができ、またパートナー達は本業以外に収入を得られる分野が広がるという「Win-Win」の関係が成立しています。もちろん技術者の提供サービスの品質を維持・向上させるためにマニュアルやチェックリストの提供や研修なども行っています。

＊起業とビジネスプラン

起業する人は誰でも「こんな状態を実現したい」という大きな夢を持っています。しかしその夢を実現するためのビジネスプラン、つまり「何をどうしたいのか」、「どうやって収益をあげるのか」といった部分が曖昧な人が多いのです。もちろんプラン通りに事業が進むということはまずあり得ません。しかしそれがはっきりしていないと最初の一歩すら踏み出すことができません。

起業成功例 3

得意分野の技術力プラスアルファの発想で成功

■自分の腕、技術を武器に起業する人はたくさんいます。しかしせっかく持っているその技術をうまくビジネスに結びつけられないことも多いでしょう。そんな時は自分の得意分野にもう一つ新たな発想を加えることで活路が見いだせることがあります。

＊「技術力」は問題解決のための手段

どのような高度な専門技術であれ、それはある問題を解決するための「手段」に過ぎません。技術力を武器に起業する際には、その技術が「顧客のどんな問題をどのように解決するのか」を明確にする必要があります。

また技術には必ず「有効期限」があります。本事例でも起業当初は「ホームページ作成代行」自体で事業が成立していましたが、ホームページ作成支援ソフトの普及などによって、単純な作成代行は急速にその価値を失っています。

技術は顧客の問題解決をより高いレベルで解決できるように、常に磨き続けなければな

●起業するも競争激化で苦戦

メーカーのシステム部門に勤務していた矢野さんは、数年前から地方支店の管理職への就任を打診されていました。地方勤務を経て東京に戻ってくることはこのメーカーにおける「出世コース」です。ただし子供の学校のことなどを考えると単身赴任は避けられません。また矢野さん自身、管理職という仕事に対して魅力を感じることができません。

悩んだあげく矢野さんは自らの技術を活かして40歳のときに起業しました。最初は企業向けのホームページ作成やSEO（検索エンジン最適化）コンサルティングなどを行っていましたが、競争は非常に厳しく、受注単価も低下しています。将来的な不安は増していきました。

●「システム屋」としての限界

矢野さんは現状を打開すべく勉強を続けました。そしてあるセミナーで「事業を組み合わせること」の大切さを学びます。自分の得意分野をそのまま事業化するだけではなく、別の事業と組み合わせることで新しい価値を生み出すことができるというのです。矢野さんは、これまでの自分の活動を振り返ってみました。すると様々な場面で自分が「システム屋」としての提案しかできていなかったことに気づきます。顧客企業がホームページ作成を依頼する本当の目的は自社の経営改善です。矢野さんはホームページそのもののでき映えにはこだわりましたが、

顧客の経営改善への踏み込みがほとんどなかったのです。

●技術力＋コンサル力

そこで矢野さんは従来の得意分野である技術力に加え、経営コンサルティング力も高めることを決意しました。中小企業診断士の資格取得に向けて猛勉強を開始し、既存顧客に対しても積極的に経営改善の提言を行うようにしました。そして勉強開始から1年後には資格を取得し、顧客へのアピール力はさらにアップしました。その後は「システムと経営の専門家」としての地位を固め、ホームページ作成を入り口として、継続したコンサルティング契約につなげることで、安定収入が実現しています。

さらには「コンサルティング力を高めるために必要な技術力は何か」という、これまでとは逆の視点から、改めて新技術の習得にも取り組んでいます。

成功のポイント　技術力を深め拡げるという発想を持つ

技術力を高めていくためには、特定分野を「深めること」と、周辺分野に「拡げること」の2つの方向性があります。さらにはその両方を行う「深めて拡げること」も必要になるでしょう。技術力を武器に起業する場合は、自分がその技術を将来的にどのような方向性で高めていくかについて、あらかじめ計画しておきましょう。

矢野さんは創業当初こそ、ホームページ作成技術だけで事業が成立していました。しかし、競争激化によって業績が低下したため、周辺分野である経営コンサルティングに技術の幅を拡げることで生き残ったのです。今後もコンサルティングでより成果を出していくためには、本来の得意分野であるホームページ作成技術もさらに高める必要があります。矢野さんは一刀流から二刀流に進化し、さらにそれぞれの刀の切れ味を増すことで、総合力を高めているのです。

りません。

起業成功例 4

ライフスタイルを重視して翻訳で起業

在宅ワークは、自分に合ったライフスタイルを求める人にとって、魅力的な起業方法です。またリスクも小さく初期投資も抑えられるというメリットもあります。反面、しっかりとした自分の強みを確立しなければ、長期間に渡って事業を継続することは困難です。

会社に振り回されたくない

野上さんは大学卒業後、外資系のＩＴ会社に就職、忙しい日々の中でも仕事は充実していました。そして子供が生まれ、自宅も購入した直後、突然の米国勤務を命じられます。「タイミングが悪すぎる」と思ったものの、会社の命令に背くことはできません。

最初は単身赴任も考えましたが、結局は家族共々、米国へ引っ越す道を選びました。野上さんは自分が子供の頃、父親が単身赴任をしており、とても寂しい思いをしました。自分の子供にはそんな思いをさせたくなかったのです。そして3年が経ち、米国での暮らしにもようやく慣れ始めてきた頃、野上さんを待っていたのは、会社の業績不振によるリストラでした。

帰国した野上さんはいくつかの会社に就職しました。しかし「会社勤め」という働き方そのものに不信を抱いている野上さんはどの会社も長続きしませんでした。

ある日、ネットで求人情報を探していた野上さんは、ＩＴ系の翻訳という仕事を見つけます。「この仕事ならば、自分の英語力とＩＴ知識という強みを活かして、フリーランスで生きていけるのではないか」、野上さんはそう直感しました。家族に話してみると「その方がお父さんに向いてるよ」と賛成してくれました。

＊家族の理解は絶対に不可欠

起業を決断する際には、家族からの十分な合意を得ることが不可欠です。自分がいくら「家族を幸せにするために起業する」と考えていたとしても、それが十分に伝わっていなければ家族の不安は募るだけです。

自分が起業でやりたいことがあるのと同様に、家族にはそれぞれ自分のやりたいことがあります。必ずしも家族全員が自分と同じライフスタイルを望んでいるわけではありません。

起業すれば必ず家族の助けが必要になる時があります。そして何よりも家族が応援してくれているから、自分も頑張ろうという励みになるのです。

●翻訳エージェントに登録、自分好みのライフスタイルを獲得

翻訳業界について色々調べてみると、翻訳家のほとんどはフリーであり、「翻訳エージェント」と呼ばれる会社に登録して、そこから仕事を受注していることがわかりました。ただしエージェントには誰もが登録できるわけではなく、試験によって一定の翻訳力を認めてもらう必要があります。野上さんは半年間の翻訳の専門学校での勉強を経て、複数の翻訳エージェント会社に登録することに成功しました。

現在、野上さんは5社の翻訳エージェント会社に登録して、ＩＴ系の技術マニュアルの翻訳を中心に仕事をこなしています。仕事は必ずしも順風満帆というわけではありません。仕事の繁忙・閑散の差が激しく、仕事がほとんどない時期もあれば、分厚い英文原書を渡されて、「納期は一週間で」などと無茶な依頼をされることもあります。

それでも野上さんは、「会社勤め」時代のような理不尽なストレスを感じることはありません。また忙しくても家族と過ごせる現在のライフスタイルを気に入っています。家族も活き活きと働く野上さんの姿を見て安心しています。

成功のポイント　「自分を信じること」、「勉強し続けること」

野上さんは、フリーランスになってもうすぐ10年が過ぎようとしています。その間苦しいことは何度もありましたが、そのたびに野上さんは「自分を信じること」で乗り切ってきました。フリーランスに限らず、全ての起業家には何の保障もありません。苦境にぶつかった時にどれだけ強い精神力を維持できるかが勝敗を分けます。

また、野上さんが取り組んでいるＩＴ翻訳は正に日進月歩の世界です。野上さんはどんなに忙しくても、最新の技術情報の勉強を怠らず、自分を磨き続けています。

＊在宅ワークではオン・オフの切り替えに留意

在宅で仕事をするということは、自分の「生活」と「仕事」を同じ場所で行うということです。よほど強い意志を持ってオン・オフを切り替えないと、「集中力がない中でダラダラと仕事をしてしまう」ということが起こりがちです。「仕事専用の部屋を確保する」、「仕事時間と生活時間を切り分けて紙に張り出す」といった工夫が必要です。また電話についてもプライベートの電話番号と仕事の電話番号を分けることで、応対時の間違いをなくすことができます。

起業成功例 5

強みを活かし営業代行で定年起業

■定年後にこれまでの経験を活かして起業する人もいます。多くの人が「儲け」よりも「やりがい」や「社会とのつながり」を目的として起業しています。在職中から早めの準備をすることで、よりスムースに事業を開始できます。

●第2の人生をどう過ごすか

中堅メーカーで営業マンとして長く働いてきた町田さん。まもなく定年を迎えるにあたって、その後の人生について悩んでいました。町田さんの先輩の中には、再就職して引き続き働いている人もいれば、完全にリタイアして趣味を謳歌している人もいます。「自分はどうすれば充実した生活が送れるだろうか」。結論が出ない日々が続きました。

町田さんは子供も独立しており、持ち家で妻との二人暮らし、金銭的には働かなくてもやっていけます。しかし町田さんにはこれといった趣味もなく、時間を持て余すことになるかもしれません。そんな中、ある雑誌で、定年後、起業して生き生きと働いている人達の特集が目にとまりました。「自分もできるかもしれない」、これが町田さんの起業のきっかけとなりました。

●営業代行で経験を活かす

町田さんは営業マンとしての能力・経験には自信があります。また起業後はサラリーマン時代程は稼ぐ必要はありません。そこで「経験を活かす」、「大きな儲けは狙わない」、「楽しく働く」、「健康第一」、「初期投資を小さく」という方針で起業分野を検討したところ、営業代行というビジネスを思いつきました。営業代行とはその名の通り、企業の営業活動を代行して行うものです。既存商品の売上拡大、新商品の販路開拓など様々な種類があります。クライアント

＊シニア起業家資金

日本政策金融公庫では、「女性、若者／シニア起業家支援資金（新企業育成貸付）」の融資を行っています。対象は女性または35歳未満か55歳以上の人であって、新たに事業を始める人や事業開始後おおむね7年以内の人となっています。55歳以上における起業は本融資制度の対象となります。

融資額は7200万円以内（うち運転資金4800万円以内）で、返済期間は設備資金が20年以内（うち据置期間2年以内）、運転資金が7年以内（うち据置期間2年以内）となっています。

問い合わせ先は、日本政策金融公庫の各支店窓口。

にとっては数多くの営業マンを抱えるコストを削減できる、プロに任せることでより大きな成果が期待できるなどのメリットがあります。

起業を決意した町田さんは、在職中から会社経営に関する書物を読んで、独学で勉強を始めました。また商工会議所のセミナーなどに参加して先輩起業家の生の声にも耳を傾けました。さらにこれまでの人脈を使って、事前営業を行い、起業後にクライアントになってくれそうな会社をいくつか確保することに成功しました。そして退職から数カ月後に起業し、最初の仕事で大きな成功を収めることができたのです。その後はクライアントからの紹介などによって、新たな依頼がいくつも舞い込んでいます。また営業代行のみならず、クライアントの営業戦略へのアドバイス、営業マンの教育など、仕事の幅が広がっていきました。

成功のポイント　勉強熱心で常に謙虚であること

長年会社勤めを続けてきた人は、これまでに培った知識・経験などの強みを持っています。そして在職中は勤めている会社がその強みを上手に活用してくれました。つまり自分は強みを磨くことに集中していればよかったのです。

しかし起業すれば、その強みを活かすことも自分の仕事になります。起業者は強みを持つプレーヤーとしての自分と、経営者としてプレーヤーを活用する側の自分という一人二役をこなさなければなりません。そのためにはまずは経営について勉強することが求められます。さらに経理やパソコンの基礎知識の習得も必須です。また定年前にどれだけ高い役職に就いていたとしても、起業後にはその肩書きは通用しません。新米起業家として何事にも謙虚な姿勢が求められます。「勉強熱心で常に謙虚であること」、これが定年起業者の心得です。

起業成功例 6

退職後の起業で、勤めていた会社を得意先に…

■独立当初はそれまで勤めていた会社から一定の仕事をもらい、徐々に新規顧客を開拓していくというやり方は起業の中でも安全なパターンのひとつです。さらにそれまで勤めていた会社からの出資を受けることができれば、安定性はぐっと高まります。

●独立支援制度を活用して起業

マーケティングリサーチの会社で主にＩＴ企業からの調査依頼に対応していた荒木さんは、会社の「独立支援制度」を使って起業しました。

この制度は勤続15年以上で、人事考課で一定の評価を得ている人であれば、ビジネスプランを吟味したうえで、会社が最大で49％まで出資するというものです。

荒木さんはそれまで自身が行ってきたＩＴ関連の調査に加え、営業代行も行うというビジネスモデルを提案し認定されました。出資比率については、荒木さんは資本金の33％を出資してもらうことに決め新会社を設立しました。

荒木さんの会社は、出資を受けたことで元の会社の関連会社という扱いになり、毎月の業績報告義務などがありますが、それでも一国一城の主として裁量の幅は大きく広がり、かつ経営のベースとなる大口の仕事を元の会社からもらえるというメリットを享受しています。

●勤めていた会社を安定大口顧客に

サラリーマン時代に行っている仕事の延長線で起業する場合、勤めていた会社はあなたに安心して仕事を任せられるため、安定した大口のお得意先になることもありえます。起業間もない不安定な時期を乗り越えるために非常に有効なやり方です。

＊出資比率を考える

株式会社では会社の重要事項を株主総会で決議します。決議には普通決議（議決権の過半数以上の賛成が必要）、特別決議（議決権の3分の2以上の賛成が必要）、特殊決議があります。

自分の出資比率を決める際には、この議決権比率を考慮します。

・**66・7％以上保有**…特別決議事項を自分の判断で決められる

・**過半数以上保有**…普通決議事項を自分の判断で決められる

・**33・4％以上保有**…自分の意に反した特別決議事項に反対して否決することができる

また、出資を受けることができればその安定性はさらに高まります。

本事例のような「独立支援制度」が制度としてない場合でも、勤めていた会社に十分なメリットを与えるような提案ができれば、出資してもらえる可能性はあるでしょう。

もちろん多額の出資を受けるということは、経営の安定性と引き替えに自分自身の社長としての裁量の幅を小さくすることを意味します。

せっかく独立するのに元の会社から口出しされたくないから、出資など一切受けない、という考え方もあるでしょう。

成功のポイント　どこまで出資してもらうのが適切か

本事例の荒木さんも出資の受け入れは33％に抑えてありますが、これは株主総会での特別決議の議決権を考慮した選択です。株式の3分の2以上を保有することで、株主総会の重要な決議事項を可決できます。簡単に言うと残りの67％の株式を荒木さんが持っている以上、会社の重要事項は基本的に荒木さんの意志で決められるのです。

会社設立の際に資本金の出資比率をどうするかということは、悩ましい問題です。しかし、本事例のようにあらかじめ元の会社が、大口顧客になってくれることがわかっている場合は、株主として一定比率の資本金を引き受けてもらい、より強い繋がりを持つことも検討すべきでしょう。

ただし、いつまでも以前勤めていた会社に頼り過ぎるのは禁物です。1社の取引先に依存する営業構造は非常に不安定です。もし何らかの事情によりその会社から契約を打ち切られたら、自分の事業も危機的なダメージを受けることになります。第2、第3の安定顧客獲得のための新規営業を怠らないようにしましょう。

起業成功例 7

Uターン起業（旅行会社）で地元を活性化する

■「起業して地元を元気にしたい」、そんな思いで起業を決意する人もいます。しかしいくら生まれ育った故郷とはいえ、すんなりと受け入れてもらえるとは限りません。自分の思いに共感してもらうためには、地道な人間関係構築が必要です。

※KFS(Key Factor for Success)

KFSとは事業を行う上で、決定的に重要となる要因のことです。他の要因が全て揃っていてもKFSが満たされていないと事業はうまくいきません。KFSは事業によっても地域によっても異なります。

本文では地方都市での着地型観光のKFSとして「企画力」、「販路開拓力」、「地元密着力」を挙げています。

●着地型観光に着目

都内の大手旅行会社で経験を積んだ谷口さんは、40歳の時、地元にUターンして旅行会社を立ち上げました。会社の特徴は、「着地型観光」を提供している点にあります。通常のパッケージ旅行は、旅行出発前から訪問先での観光も組み込まれており、出発の時点で全てが決まっているため、「発地型観光」と呼ばれます。これに対して「着地型観光」では旅行者を受け入れる側の地域（着地）側が、その地域でおすすめの観光資源を基にした旅行商品や体験プログラムを企画・運営する形態をとっています。旅行者は自分の好みやその日の気分によって自由にツアーを選ぶことができます。谷口さんの会社でも「農家の収穫＆宿泊ツアー」、「祭りの裏側探索ツアー」、「雪かき体験ツアー」などユニークな商品を提供しています。地元の人にとっては「あたりまえの日常」であっても、切り口次第では旅行者にとって魅力的なツアーになるのです。

●旅行で地元を元気にしたい

生まれ育った町への愛着が深い谷口さんは、いずれは地元にUターンしたいと考えていました。また勤務先の制約を受けずに、自分の力で自由に旅行プランを設計したいという気持ちも高まっていきました。

谷口さんの地元では過疎化・高齢化が進んでいます。谷口さんは自分の経験を活かして「着地型観光」を立ち上げ、地元をもっと元気にしたいと考えました。また最近日本を訪れる外国人観光客が増加していますが、その行き先は大都市かメジャーな観光地が中心です。しかし魅力あるプランを提供すれば、地方でも十分にその受け皿になり得ると谷口さんは確信していました。これらの思いをビジネスプランとして練り上げていったのです。

成功のポイント 「地元密着力」をどう高めるか

谷口さんはビジネスプランを検討する際に、成功のポイントは、魅力ある旅行プランを策定するための「企画力」、顧客を呼び込むための「販路開拓力」、そして地元の人達に着地型観光に協力してもらうための「地元密着力」だと考えました。

このうち「企画力」については、これまでの知識、経験が通用する自信があります。また「販路開拓力」については、業界内の豊富な人脈があります。現在の勤務先からも独立するなら販売に協力するという内諾を得ていました。しかし「地元密着力」については最後まで不安が残りました。谷口さんは大学入学と同時に地元を離れており、それから20年以上たった時点でのUターンです。起業動機が「地元の活性化」にあるとはいえ、それが直ぐに受け入れてもらえるとは思えませんでした。谷口さんのやろうとしている着地型観光の多くは体験型であり、地元の人達の協力・信頼関係がなければツアーを組むことすらできません。谷口さんは起業を決めてから何度も地元に通い、高校時代の友人、商工会議所、観光協会、農協などに相談しました。すると通い始めて1年が過ぎた頃、谷口さんの熱意が通じて、徐々にではありますが協力者が現れ始めました。「これで3つめの課題をクリアする目処がたった」、そう確信を持てた谷口さんは事業をスタートしたのです。

〈コメント〉Uターン・Iターンによる起業

Uターン・Iターンによる起業では、ビジネスモデルの巧拙だけではなく、地元にいかに溶け込むかが非常に重要になります。Uターン起業者の中には、「自分の出身地であっても再度溶け込むのにかなりの時間がかかった」という声がよく聞かれます。とりわけ何のつながりもないIターン起業では相当な覚悟をしておく必要があります。起業前には様々な情報収集に加え、現地の人との実際の交流を深めておくことが大切です。

起業成功例

8

リサーチと地域にくわしい友人の助言で居酒屋を開業

起業にあたって、多くの人は本当にそれがビジネスとして成立するのかどうかリサーチを試みるでしょう。しかし、そこで行うべきリサーチは大企業が行うような世の中全体の傾向よりも、自分が売りたい商品、地域に絞り込んだリサーチが重要になります。

トレンドや繁盛店のリサーチは完璧

中堅メーカーから独立して、小規模ながら落ち着いた雰囲気の和風居酒屋を開業した小山さん。その開業にあたってのリサーチは徹底していました。まずは飲食店関係の専門誌を読みあさり、最近流行の味や店舗雰囲気などのトレンドをつかんだ上で、紹介されている全国の繁盛店に自ら足を運びました。お店では名物とされている料理はもちろん、接客やメニュー構成のバランス、価格設定などあらゆる視点から繁盛店の秘密を盗むことに努めました。また飲食店開業セミナーなどにも出席して、飲食店経営に関する重要な指標や売上計画の立て方などを学び、自分としては完璧な事業計画、出店計画を練り上げました。後は物件探しだけです。

そして、ついに声をかけていた不動産屋から2つ先の駅の北口前に空き物件が出たとの連絡を受けました。確認したところ、大通りに近い割に家賃は低め、しかも周囲には自分が出そうとしているようなお店の競合店はないことがわかり、いよいよ開業の時が来たと小山さんは確信しました。

肝心なリサーチが抜けていた

ようやく開業の目処が立った小山さんは、最後の確認の意味で、内装工事を任せることになっ

＊立地と商圏

店舗物件探しでは、立地と商圏が、大切と言われます。この2つの言葉の意味を理解しましょう。

「立地」とは駅前とか、大通りに面しているといった個々の物件の場所の良し悪しです。これに対して「商圏」とは、その地域全体の消費規模、消費特性などを指します。

特殊な業態を除いて、「立地」がよく「商圏」の規模が大きい（自分のお店のターゲットがたくさんいる）ほど好物件ということになります

ている友人に意見を求めました。この友人はちょうど小山さんが出店しようとしている駅の近くで工務店を営んでいます。意気揚々と説明する小山さんに対し、友人から返ってきた答えは意外なものでした。「この立地は小山さんが考えているようなお店には向いていない」というのです。

その友人によると、この駅の利用者や周辺の住民は比較的若い層が多く、小山さんが顧客にしようとしている中高年層の数は少ない、そういう人もいることはいるが、みんなバスロータリーがある南口で飲んでいるはずだ、というのです。調べてみると確かに友人の言うとおりであることがわかりました。北口に競合店がないのは当然で、中高年を対象にした居酒屋は成立しない立地だったのです。

成功のポイント　立地条件や街の特性を把握する

どのような業種で起業するのであれ、その業種のトレンドや成功企業の秘訣を参考にしようとするのは大切なことです。ただし居酒屋のような店舗型ビジネスを行う場合、対象としているお客が本当に来てくれる立地条件や、街の特性に適した物件であるかどうかを確認することがより重要になります。

小山さんのように「駅前の大通りに面している比較的家賃の安い物件」、というだけで満足していては駄目なのです。小山さんの友人は近隣で数多くの飲食店の内装工事を請け負っていたので、その地域のどのあたりにどのようなお店が適しているかを経験的に把握していたのです。

結局、小山さんは契約直前でその物件を見送りました。その後は友人の力も借りて、自分のお店に適した物件を探し、程なくもう一つ先の駅前に念願のお店を開業しました。

〈コメント〉
店舗型ビジネスの場合、開業後も立地と商圏の調査を継続する必要があります。
商圏人口の推移、自店舗付近の人の流れの変化、競合店の出現など、環境は日々変わっていきます。
特に大きな商業施設ができる場合などには、人の流れは全く変わってしまいますので、注意が必要です。

起業成功例 9

輸入雑貨店を開業し、友人のネット通販でも販売

■事業経営では何から何まで自分一人でやる必要はありません。信頼できる人に自分の苦手分野を任せることによって、大きく成功した事例もあります。

●インターネット通販をしたいのだが…

商社勤務時代の海外人脈を生かして輸入雑貨店を開業した樋口さん。樋口さんが扱う東南アジアからの輸入雑貨は愛好家からの評判もいいのですが、地方都市に店を構える樋口さんの地元では、それらを受け入れてくれる層が限定されていました。開業後1年が経過し、樋口さんは「商品は良いのだから、何とかして地元だけでなく全国の人にも商品を買ってもらいたい」という想いから、インターネット通販を始めることを決意します。

しかしながら、パソコンやインターネットの知識に乏しい樋口さんにとって、ホームページを作ることさえままなりません。もちろん業者を使えば代行してくれますが、見積もりを取ってみると思ったよりも金額は大きく、また提案されたホームページも樋口さんの扱う商品に合致しているとは思えませんでした。

そんなとき、会社時代の友人から、インターネット通販をやっている佐藤さんが新たな商材を探しているという話がありました。早速、樋口さんが連絡を取ってみると、佐藤さんはもともと輸入雑貨には興味があったけれども、どうやったら輸入できるかなどの知識や海外人脈が全くないためあきらめていたとのこと。双方のニーズが合致し、佐藤さんのサイトで商品が売れた場合、樋口さんが手数料を払うという形で契約がまとまりました。

＊異業種交流会に参加する
全国の商工会議所をはじめ、様々な公的団体あるいは民間企業が異業種交流会を開催しています。交流会に参加すると、自分の苦手分野を補ってくれるパートナーだけでなく、新たな取引先候補獲得にもつながる可能性があります。また、すぐに取引につながらなくても、異業種経営者の話を聞くことによって、新たな発想が得られるかもしれません。

●餅は餅屋

早速、お店の商品を写真に撮り、佐藤さんに送ったところ、素晴らしい通販のページに仕上がりました。すでにインターネット通販で成功している佐藤さんが作るホームページは、見る人に対して非常に使い勝手がよい作りになっていました。また、ぶらっとホームページを見に来た人に、実際の購入を促すための様々な仕組みも用意されていました。見積もりを取った業者から示された提案とは全くレベルの違うものでした。

期待どおり商品は順調に売れ始め、樋口さんは現地買い付けに頻繁に出かけ、新たな仕入れルートを確保することができました。佐藤さんも「自分は売ることに徹するから、佐藤さんは良い商品を仕入れることに集中して欲しい」と言ってくれています。

成功のポイント　営業を外部に任せ、自分は商品力強化に専念

これは苦手なインターネット通販を信頼できる外部に任せることによって、自分はよりよい商品を探す、あるいはよい商品が継続的に入ってくるルートを開拓するといった「商品力の強化」に専念し成功した事例です。もし、樋口さんが業者にホームページ作成を頼んでインターネット通販を始めていたとしたら、佐藤さんのような魅力ある仕組みを作ることはできなかったでしょう。また、苦手なホームページ作成に時間やお金がかかってしまい、本来樋口さんが得意とする魅力ある商品探しにも支障がでて、ジリ貧状態に陥ってしまったかもしれません。

事業を継続するには商品力の強化と営業力の強化が不可欠ですが、すべてを自分自身でやる必要はありません。苦手な分野はすっぱりと他の人に任せて、自分の強みを磨いていくのも一つの方法なのです。樋口さんは販売手数料と引き替えに、佐藤さんという貴重な「営業力」を確保できたのです。

〈コメント〉
技術職などでは、優秀な技術者が必ずしも優秀な経営者とは限りません。異なる能力を持った人が共同して起業し、大企業に育てた例は少なくありません。

起業成功例 10

「自己実現」を目指して訪問介護で起業

私達は日々の業務の忙しさに埋もれる中で、「自分の本当にやりたいこと」について、見失ってしまいがちです。やりたいことを実現するための転機は何度か訪れますが、一歩踏み込む勇気をなかなか持てません。しかし当然ながら仕事人生には期限があり、「自己実現」を目指すのであれば、どこかで決断をしなければなりません。

看護師としてのキャリアを積む

看護師の母親を見ながら育った田口さんにとって、自分自身も看護師の道を進むのは当然のことと考えていました。高校も衛生看護科を卒業し、まずは准看護師として公立病院で勤務、看護学校へ通いながら正看護師の資格を取得しました。その後もいくつかの病院での勤務を経ながらキャリアを積み、看護師としてのやりがいも十分実感することができました。

看護師は常に不足している状態であり、田口さんほどのキャリアを持った人であれば、他病院からも引く手あまたの状態で、今後も看護師として働いていくことに何の不安もありません。

決断を迫られる

一方、田口さんにはもう一つの夢がありました。それはもっと自由な発想で患者さんのために貢献することです。中でも田口さんが関心を持っていたのが、患者さんが家族と過ごせる時間を増やすための在宅看護サービスです。在宅看護について田口さんはこれまでも何度か病院に提案したことがありました。しかしそのたびに「現時点ではその余裕はない」と却下され続けてきました。田口さんの歯がゆい気持ちは積もっていきました。

そして田口さんが50歳を迎えた頃、当時の看護部長が退職することになり、田口さんにその

＊マズローの欲求5段階説
人間の欲求は5段階のピラミッドのように構成されていて、低階層の欲求が充たされると、より高次の階層の欲求を欲するというもの。米国の心理学者である提唱者の名前からこう呼ばれています。

5段階の欲求を低次から並べると以下のようになります。①生理的欲求（生命維持）、②安全の欲求（安定）、③社会的欲求（集団への帰属感）、④尊厳欲求（他者からの尊敬）、⑤自己実現（自分の保有能力の最大発揮・社会への貢献）。

本項で紹介した田口さんは、⑤の自己実現を目的として起業した好例と言えます。つまり経済的自立や他者か

後任に着いてほしいという打診がありました。看護部長と言えば、病院の中枢メンバーです。打診を受けいれて、この病院で看護師としての仕事人生を全うすべきかどうか、これを機に病院を辞めて新たなチャレンジを行うべきかどうか、田口さんは大いに悩みます。

夫の言葉が後押しに

思い悩んだ田口さんはまず夫に相談しました。夫は慎重な性格であり、病院を辞めることに絶対に反対すると思っていました。しかし意外にも「君の好きなようにすればいい」と言ってくれたのです。

夫にはそれまでも病院での愚痴をこぼしていましたが、ほとんど聞き流されていると思っていました。しかし夫は田口さんの気持ちを十分に理解していたのです。「いつかそんなことを言い出す日が来ると思っていたよ」と夫は笑います。迷いは完全に払拭しました。田口さんは病院を退職して訪問看護ステーションを開設することを決意しました。

訪問看護とは訪問看護ステーションから、看護師等が患者さんの自宅を訪問して、患者さんが在宅で療養生活を送れるように支援するサービスです。行政は在宅医療の強化を打ち出しており、今後の有望ビジネスとしても注目されています。主治医からの指示書は必要ですが、看護師自らが事業主体となって行うことができます。田口さんは訪問看護の経験のある親しい友人の看護師数名と介護福祉士などとともに事業を開始しました。

成功のポイント　一歩前に踏み出す勇気

看護部長の打診があるほどのキャリアをいったん捨てて、ゼロから起業するのは本当に勇気が要ります。「もし失敗したら」という不安も強いでしょう。それでも田口さんは仕事を「自己実現の場」として考えて、敢えてチャレンジして成功したのです。

らの尊敬などを既に獲得しているにもかかわらず、自分の仕事を自己実現の場とするために起業したのです。

〈コメント〉

企業経営に失敗はつきものです。失敗を次に生かすためのポイントは「なぜ失敗したのか」を突き詰めて考えてみることです。

商品そのものがだめだったのか、売り方がよくなかったのか、もし商品がだめだったとしたらどの点に問題があったのか、といった具合です。

このような「失敗ノウハウ」は必ず自分自身の経営能力を高める糧になります。

起業成功例 11

ラーメン店をフランチャイズで起業

■サラリーマンの独立の代表的手段としてフランチャイズ（以下ＦＣ）への加盟があります。本部企業が用意してくれたビジネスモデルを利用するので、一定の安心感がありますが、本部選定を間違えると大変なことになります。

●契約内容も味も満足のＦＣ本部を見つけた

食品メーカーに勤めていた田中さんは、２人の子どもの独立を機会に念願のラーメン店を開業することを決意します。本当は自分のオリジナルの店を持ちたいとも考えましたが、やはりラーメンは好きでも、ラーメン店経営は素人だった田中さんは、本部から経営ノウハウが提供されるＦＣ加盟での開業を選択しました。

早速、複数のラーメン店のＦＣ本部から加盟契約に関する資料を取り寄せ、条件等を比較検討しました。候補として残ったＦＣ本部については実際に店舗も回って、味を確かめました。そして、その中に食品メーカーで長年商品開発を担当した田中さんの舌を唸らせるものがいくつかあり、詳しい説明を受けるために本部を訪問することになります。

●なぜか契約を急がせるＦＣ本部

田中さんが最初に訪れた本部では、いかに自社のＦＣシステムが優れているかについて説明された後、田中さんが出店を希望している自宅近辺の地域は他にも検討している人がいるので、早めに決断して欲しいと迫られました。次に訪問した本部でも、同じように早期の加盟を迫られました。田中さんの中で疑問が沸きます。自分の家の近所にラーメン店を開業したいと思う人がそんなにたくさんいるのだろうか。もしかしたらＦＣ本部の営業担当者にもノルマがあっ

＊フランチャイズの仕組み

フランチャイズとは、本部（フランチャイザー）が直営店などで構築したビジネスモデル（店舗内外装、商品、接客、販促などすべて）を、加盟店（フランチャイジー）が対価を払って使用する仕組みです。

加盟時に加盟金や保証金などが必要になる他、開業後も本部からの経営指導の対価としてロイヤリティーを支払います。

加盟店はあくまで独立企業であり、自己責任が原則です。

て、単に早く契約を結んでしまいたいだけなのではないか。

田中さんは本部を訪問することをいったん中止し、いくつかのＦＣ店舗の既存店オーナーに「私もあなたのチェーンに加盟することを検討しているのですが」と相談を持ちかけてみました。オーナーの話には、本部に対して否定的なものもいくつかありました。その多くはラーメン店経営素人の田中さんからみても、オーナー自身に問題があるような「グチ」の類でした。しかし中には「どんなに努力しても、本部が提示したシミュレーションの半分の売上しかあがらない、儲かっているのは本部だけ」といった厳しい指摘もありました。こう言い放ったオーナーのＦＣ本部は、まさに田中さんが加盟を急がされているＦＣ本部のひとつだったのです。

田中さんはその後じっくりと時間をかけ、ＦＣ本部の選定をし直しました。これぞと思った本部については、必ず複数の加盟店オーナーから話を聞くようにして、ようやく納得のいくＦＣ本部と契約することができました。

成功のポイント　本部の選定が明暗を分けるＦＣ起業

田中さんが契約したＦＣ本部は、まず直営店で開業して高い業績が上がった店舗のみをＦＣ加盟者に譲り渡すという仕組みを取っており、加盟者はその店舗についている常連客も引き継げるという大きなメリットがあります。しかし、本部が行う厳しい研修にパスした者にしか加盟を認めないという条件があり、実力とやる気がまず試されることになっています。

田中さんは苦労の末、この研修にパスし、自宅から少し遠い地域にはなりましたが、開業にこぎ着けました。本部からは厳しい経営指導もありますが、それに見合うだけの売上は確実に上がっています。最初に訪問したＦＣ本部に急がされて契約しなくて本当に良かった。田中さんは改めて感じています。

〈コメント〉
フランチャイズビジネスはあくまでビジネスを始める手法です。その際に法人形態にするのか、個人事業でいくのかといった組織形態は事業主が選択することになります。

起業成功例 12

主婦目線の出張ネイルで開業

子育て期間が一段落した後に、仕事に復帰したいと考えている女性はたくさんいます。しかし多くの人が苦戦しているのが実情です。そんな中で自分のやりたい分野にビジネスの可能性を発見し、思い切って起業にチャレンジする人もいます。そこには主婦ならではの経験と感性が活かされています。

偶然訪れたネイルサロンが転機に

子供に手がかからなくなってきた水野さんは、様々な就職情報を入手し始めました。以前は証券会社でアシスタントを行っており、同業の会社も探しましたが、なかなか希望に合う条件は見つかりません。仕事探しの情熱も薄れかけていた時、気分転換も兼ねて奮発して訪れたネイルサロンで、ジェルネイルを経験したことが起業のきっかけとなりました。

ジェルネイルとは、UVライトをあてると固まるジェルを爪に塗り、色や図柄を描いていくネイルアートです。従来のマニキュアと比べて、無臭で光沢感があり、着け心地が自然な上に、長持ちするという特徴があります。また丈夫で日常的な家事には何ら支障がありませんし、爪が弱い人にとっては補強にもなります。「これまでネイルアートを諦めていた主婦でも気軽に楽しめる。これは流行する！」、水野さんはそう直感しました。

もっと安価で明朗会計なサービスが提供できるはず

水野さんはネイルサロンでの施術には満足しましたが、価格について「高い」、「料金システムがわかりにくい」という印象を受けました。そして「自分だったらもっと手軽なサービスを提供できるかも」というアイディアが次々に湧いてきました。やがて就職先探しを続けるより

＊顧客目線で考える

ビジネスには必ず「売り手」と「買い手」が存在します。ビジネスの仕組みを考える際には、まずは「売り手の事情」は完全に忘れて、「買い手（顧客）」にとって何が必要かを徹底的に考えてみましょう。「一人の買い手」、「一人の素人」としての視点に徹するのです。

たとえば技術系の会社の中には、社長自身は技術には疎いものの、社長の「こんなことができたらいいな」という単純な思いを技術者が形にして成功している例がたくさんあります。

本文の事例でも水野さんは、あくまで主婦層の目線でビジネスを設計しています。

も自分の好きな分野で勝負してみたいと強く思うようになったのです。

家族にも後押しされた水野さんはネイルスクールに入学し、ジェルネイルを基礎から学びました。もともと手先が器用だったこともあり、技術は短期間に向上、卒業と同時に出張ネイルサービスを開業しました。開業当初は「約束通りの時間に行っても顧客がいない」、「相談しながら進めているのに最後に『なんか違う』という理不尽なダメだしをされる」といったこともありました。しかし水野さんは「駆け出しの自分がそのような扱いを受けるのは当然」と考えました。さらに顧客が自分の仕事に対してストレートに評価することを、「ストレス」ではなく「やりがい」と感じられる前向きな性格も幸いしました。その後、口コミで顧客数は増え続け、今では月に30人を超えています。

成功のポイント　ニーズとサービスプランで成功

水野さんは、子育て中の主婦の多くがネイルサロンに通う十分な時間とお金の余裕がないこと、それでもおしゃれはしたいという願望は強く持っていることを主婦仲間との付きを通じて肌で感じていました、水野さんはそのような主婦層に対して、時間とお金の制約を取り払うために、格安出張というスタイルで開業しました。特に初回は実費程度しかお金をとらず、まずはジェルネイルを体験してもらい、自分のファンを増やしていくという方法をとりました。このように顧客層のおかれている生活環境を理解したうえで、それに適した形でビジネスを設計したことが成功につながっています。

数回のお試し期間を経た顧客には、正規料金をお願いしていますが、それでも通常のネイルサロンの半額以下程度です。お店にかかる固定費などが発生しないため、このような価格設定が可能になっているのです。少額起業の代表的な成功例のひとつと言えるでしょう。

〈コメント〉

一度利用してくれた顧客を固定客として囲い込むことはとても大切です。そして彼らの満足度を高め続けることで、自分が客として利用するだけではなく、一緒に事業を応援してくれるファンとして育てることも可能になります。ファンが担ってくれる代表的な役割は「口コミ」でしょう。

起業の初期段階では顧客の数も少なく、通常は全ての顧客の状況を直接確かめることができます。新規客は固定客化しているか、固定客の満足度はあがっているかなどを常に把握しておきましょう。

起業成功例

13

廃業予定の勤務先工場を引き継いで起業

■勤めている会社が廃業する場合、普通であれば全ての従業員は解雇になります。しかし、全員が直ぐに転職できるとは限りません。特に中高年になってから新しい分野にチャレンジするのは困難です。しかし、仲間が結束して、廃業する会社を引き継ぐという方法もあります。

●突然の廃業通告

新井さんは高校卒業後直ぐに金型加工会社に入社し、20年以上技術者として活躍してきました。会社は自動車部品用の特殊な精密金型を製作しており、技術力を活かして他社との競争を生き抜いてきました。新井さん自身も今では技術部長として部下8人を抱えるなど、順調な会社員人生を送ってきました。

しかし、最近になって、価格競争の激化や自動車メーカー工場の海外移転などにともなって、会社の業績は悪化してきました。そしてさらに大きな不幸が起こりました。後継者として既に実質的に会社を運営していた社長の息子が事故で亡くなったのです。

社長は自分が本格的に復帰することも考えましたが、高齢のため体力的に不可能でした。そこで、従業員の雇用継続のために取引先等に会社売却を打診しました。しかし業績が悪化しているため相手は見つかりません。やむなく社長は廃業を決意しました。

●MEBOを決意

廃業の知らせを聞いた新井さんは、自分自身の不安はもちろん、部下達の今後の生活についても心を痛めました。中には新井さんよりも年上の50代半ばの人も多く、転職は非常に厳しい

＊MEBO

MEBOとは「Management Employee Buyout」のことで、経営陣と従業員が一体となって自らの会社や事業部門を買収することを言います。参加者は新会社の経営に自ら積極的に関与することになります。類似した手法として、従業員は参加せず経営陣のみで会社を買収するMBO（Management Buy Out）があります。

本事例では、従業員も参加するMEBOの形式を取ることで、全員参加型の経営を実現しようとしています。

ことがわかっているからです。また、会社の業績も低迷しているとはいえ、やり方次第では何とか復活できるのではないかという期待も捨てきれません。自分達は他社に負けない技術力を持っているという自負心もあります。

悩んでいたところ、知人から条件が揃えば廃業する会社を従業員が共同で引き継ぐこともできるという知恵をもらいました。これはＭＥＢＯという手法で、会社存続の手法のひとつということです。新井さんが新社長となって会社を引き継ぐのです。

新井さんは早速、胸の内を社長に打ち明けました。社長も「従業員の生活が保障されるのなら」ということで、自分の保有する株式を割安で譲渡することに納得してくれました。また銀行や顧問税理士にも相談し、ＭＥＢＯの実務面の協力を頼みました。

最大の懸案事項は従来の取引先が、これまで通りに注文を出してくれるかということでした。話をしたところ、新井さんを始めとする技術者への評価は高く、先方からは「ぜひ続けて欲しい」という嬉しい言葉が返ってきました。

様々な協力者のおかげもあって、３カ月後に新井さんは継続会社の新社長に就任し、部下全員の雇用を引き継ぎました。新井さんは会社の業績回復に向けて、コスト全般の見直し、品質のさらなる向上、新規取引先開拓などの目標を掲げています。

成功のポイント　会社を存続させるという強い意志

本事例では、会社廃業という危機に直面しても、「自分達の力で何とかして事業を存続させたい」という新井さんの意志と行動力が直接的な成功ポイントになっています。しかしその背景にはこれまで培ってきた技術力によって、取引先から高い信頼を勝ち得ていたという「強み」があります。危機的な状況の中で、ＭＥＢＯという手法によって「強み」を開花させたのです。

◆小規模起業の実態

「融資あり」の起業者の開業費用（中央値）は600万円

日本政策金融公庫が発表した「2019年度新規開業実態調査」（対象：開業の前後で同公庫から融資を受けた人）によれば、平均値は1055万円、中央値は600万円となっています。これらの数値を5年前（2014年度）と比較すると、当時の平均値は1205万円、中央値は700万円でしたので、平均値は150万円減少し、中央値も100万円減少しています。より少額での起業の流れが続いていることがわかります。

また、2019年度の開業費用の内訳を見ると、500万円未満が40・1%、500万円以上1000万円未満が27・8%、1000万円以上2000万円未満が20・6%、2000万円以上が11・5%となっています。ここから1000万円未満の費用での起業者が全体の3分の2以上を占めることがわかります。また、開業時の従業者数の状況を見ると、平均で3・6人となっています。

自己資金だけの起業が7割

さらに開業前後に融資を受けていない人を含むデータもあります。日本政策金融公庫が発表した「起業と起業意識に関する調査」（2019年9月調査）によれば、開業費用は、費用無しが28・3%、50万円未満が30・0%、50万円以上100万円未満が8・0%となっており、これらを合計した100万円未満の割合は全体の66・3%に達します。また、開業費用を自己資金だけで賄った人の割合は、71・8%となっており、これらのことから、開業費用100万円未満、自己資金のみで開業した人が、全体のかなりの割合を占めることがわかります。

また、営業場所については、「自宅の一室」及び「自宅に併設」の合計が58・2%であり、半分以上の人が自宅を拠点として開業しています。さらに現在の従業者数は「本人のみ」が69・3%となっています。加えて組織形態を見ると個人企業が全体の86・5%を占めており、法人は13・5%に過ぎません。

これらのことを総合すると、「少額投資」、「無借金」、「自宅活用」、「個人企業」というスタイルでスタートする起業家がかなりの割合を占めることがわかります。

●第1章／起業マインド編

起業の決断

全てあなたが意志決定する

◆本章の項目

仕事は「夢実現へのプロセス」／起業とは職業を「食業」にしない働き方／準備万端の起業などない／起業の本質は世の中の問題を解決すること／起業に必要な5つの条件／起業して変わったこと／起業して変わらなかったこと／開業資金は自己資金が基本／どうしても自己資金で足りない場合には／全てあなたが意志決定する／当事者意識を楽しもう

起業マインド編 1

■「仕事」とは？「働く」とは？

仕事は「夢実現へのプロセス」

▼起業では、自分のやりたい仕事が、制約なしにやれる

仕事と夢は切り離せない

起業の話に入る前に「仕事とは」、「働くとは」ということについて考えてみます。

私達にとってもっとも充実した働き方とはどのようなものでしょうか？「やりたいことをやる」、「たくさんの給料をもらう」、いろいろとあるでしょう。価値観の問題ですから人それぞれで当然です。

私は仕事柄、たくさんの創業社長とお付き合いしてきました。彼らに共通しているのは、自分の仕事を通じて到達したい目標、理想像を持っていて、日々の仕事を通じてそれに少しずつでも近づこうとしていることです。

会社を経営しているとやっかいなことが次々と起こりますが、彼らはそれを乗り越えることで理想像へまた一歩近づけると確信しているのです。そしてやっとのことで困難を乗り切った時に、彼らは「やれやれ」ではなく「また一歩前進した」と感じているわけです。

私は彼らを見ていて仕事の本質は、まさにここにあると思うようになりました。働くということは自分の目指すべき姿、目標に向かって近づくためのプロセスであるべきだと思うのです。そしてそんな風に思える人は生涯を通じた仕事人生も充実しているし、日々の一瞬一瞬の仕事の場面でも情熱を持ちワクワクとして働けることでしょう。

夢を持っていること自体が凄いこと

※自分自身と向き合う力

起業した後は経営者として何もかも自分自身で決めていくことになります。そのためには「自分自身と向き合う力」が非常に重要になります。「自分はどんな仕事がしたいのか」、「仕事をする上で最も大切なことは何か」、「どんな価値基準で仕事をするか」そして「どんな人生を送りたいのか」……。これらの問題を自分に投げかけ、自分を正しい方向に導いていかねばなりません。そしてこの力こそが起業者に求め

前述のように生き生きと働くためには2つの条件が必要です。それは、

①自分のやりたいこと、叶えたい夢がはっきりとしていること

②日々の業務がその実現のためのプロセスであると実感できること

です。つまりは「やりたいことのために働いていること」ということになります。

これは起業するしないは関係ありません。今の職場でそのような実感が持てれば、十分に充実した仕事人生が送れるでしょう。しかしどう考えてもそれが無理な場合には、転職なり起業なりの選択肢が出てきます。中でも起業は転職と違い、何の制約条件も受けずに自分のやりたい仕事を始められるという最もダイナミックな働き方だと言えます。

そもそも本書を手にとられている人の多くは、「こんなことを実現したい」という夢を持っているでしょう。実はそれ自体が凄いことだと思います。

起業の決断

ほとんどの人は「仕事で実現したい夢は何ですか?」と聞かれても、具体的に答えることはできません。仮に答えられたとしても、その実現のための情熱を持ち続けることはなかなか難しいことです。日々の仕事に忙殺されてその思いが封印されてしまうからです。

自分の夢が語れるという人は、既に充実した仕事人生のスタート地点に立っているのです。おそらく今は成功している多くの社長も、最初の一歩はあなたと同じような不安な思いで、スタートしたことでしょう。

また私自身、起業したときには、期待よりも不安の方が遙かに大きいスタートでした。しかし今振り返ってみると、決断してよかったとつくづく思います。

起業は「できる、できない」ではなく「やるか、やらないか」です。さあ、あなたの夢を形にしていきましょう。

られる最も基本的な資質と言えるのです。

起業マインド編 2

■起業家の在り方

起業とは職業を「食業」にしない働き方

▼サラリーマンは給料のために働くが、起業家は自分の夢のために働く

後ろ向きな起業は失敗する？

起業を検討している人の中には、前節で取り上げたような「こんな夢を実現したい」という前向きな理由だけでなく、現在の仕事内容や職場環境に関する不満など、一見すると後ろ向きな理由をあげる人も多いでしょう。しかし、このような理由の起業は「現実逃避しているだけだからうまくいくはずがない」とよく言われます。

本当にそうでしょうか?

新入社員ならともかく、何年もサラリーマン経験がある人ならば、仕事にイヤなことがつきものであることくらい誰でもわかっているはずです。そんな人が真剣に悩むほどの不満を抱えているのですから、これは十分に起業の理由に成り得ると思います。

もしあなたが現状への不満を理由に起業を考えているのであれば、その不満について次のような視点で考えてみてください。

①その不満の原因は主にやりたくない仕事をやらされているからでしょうか、それとも主にやりたい仕事ができないからでしょうか

②その不満の原因は一過性のものの積み重ねでしょうか、それとも構造的にずっと続いているものでしょうか

両方とも後者が答えであると確信できるのであれば、私は転職なり起業なり、とにかく今の働く環境を変えた方がいいと思います。

それは決して現実逃避ではなく、自分のやり

※仕事の目的は人生の充実

武者小路実篤の言葉に「自分の仕事は、自分の一生を充実させるためにある」というものがあります。小説家として、また画家として奔放な生涯を送った実篤らしい言葉です。私達もこのような仕事人生を送りたいものです。

たい仕事をやるために働き方を変えるというむしろ前向きな選択だと思うからです。

職業を「食業」にしない働き方

人によって「働く」という意味、目的は様々です。多額のお金を稼いで優雅な生活をすることが目標の人もいるでしょう。そのために、たくさんの不満を抱えながらも、職業とは生活の糧を得るためと割り切って働き続ける人もいるでしょう。それはその人の生き方ですから否定されるものではありません。

しかし私はやはり仕事の目的は人生を充実させるもの、目指すべき目標に向けた自己実現のためにあるものだと思います。職業が食べるために働く「食業」である点は間違いありませんが、しかしただそれのみのために働いているとしたら、その人の仕事人生は大変虚しいものだと思います。

おおげさな言い回しですが、その人は「死なないために働いている」だけであって「生きるために働いている」ということにはならないと思うのです。

「職業」としての起業

もちろん、私はサラリーマンとしての働き方自体を否定しているのではありません。サラリーマン生活を全うし、目的を持って働き、充実した人生を過ごす人もたくさんいます。特に大企業の場合には、資本があるために大きな仕事がやれるという魅力があることも事実です。

要は、サラリーマンであっても、起業家であっても、大切なのは職業を「食業」にしないことなのです。

もし自分のサラリーマン人生が「食業」になっていると感じ、この先それが変わりそうにないと思ったならば、起業はそれを「職業」に戻す有力な手段と成り得るのです。

これは決して後ろ向きの理由の起業ではありません。

起業
マインド編
3

■起業家としての発想

準備万端の起業などない

▼起業では、自分に自信を持つことが大切

十分条件ではなくて必要条件

誰でも今の会社員の身分と安定収入を捨てて起業することには迷いがあります。「自分にはそんな能力があるのか」、「日々の生活に困るのではないか」…不安は尽きません。

そして大半の人はその不安を乗り越えられずに「とりあえず今はその機ではない」と起業のタイミングを先延ばししています。「起業するからには成功したい、成功するためには準備万端でスタートしたい」、そのように考えるのはむしろ当然でしょう。

しかし私自身もそうでしたし、周囲で起業した友人達、そしてコンサルティング先の創業社長達をみても「準備万端」でスタートした人は誰ひとりいません。「準備万端でスタートしたつもりだったが、実際に起業したら、1カ月で山ほど問題点が見つかった」というケースも数多くあります。

もちろん起業にあたっての最低条件はあります。次項で紹介しているように事業モデルの構築、当面の運転資金や見込み客の確保、家族の理解などはクリアしておくべきでしょう。しかしこれらの条件が整っていれば必ずうまくいくかというと、そうはなりません。つまり起業においては「必要条件は存在するが十分条件は存在しない」ということになります。そして読者の方の多くは既に必要条件はクリアしていると思います。あとは勇気を持って一歩を踏み出すだけです。

*どのような業種の起業が多いか

新規開業実態調査（2019年度）によると、起業業種のランキングは以下のようになっています。

①サービス業（25・9%）
②飲食店・宿泊業（15・6%）
③医療・福祉（14・7%）
④小売業（12・8%）

ここ数年サービス業の割合が増加しているのに対して、医療・福祉の割合は減少しています。また飲食店・宿泊業も根強い人気があります。

予期せぬ事が必ず起こる

実際に起業すると、次から次に予想外の問題が連続して起こります。これは絶対に避けては通れないことです。自分ではいくら周到に準備したと思っても、まず計画通りにはいきません。しかしそもそも会社を経営するということがこうした「不確定要素」との戦いなのですから、問題をひとつひとつ解決していくしかありません。それでは永遠に苦しみ続けるのかといえば、そうではありません。問題は相変わらず起こり続けますが、創業間もない頃には「どうしていいかわからない」ということでも、ある程度経営を続けると、経験と慣れから徐々に楽に対応できるようになります。経営者として成長した証です。

また、このように次から次に起こる問題に自分自身の力で立ち向かっていくことこそ、起業の醍醐味とも言えます。苦しみながらも問題を解決していくというのは、裏を返せば、自分の目指すべき姿に少しずつ近づいていることでもあります。サラリーマン時代とは比較にならないガチンコ勝負を楽しむ感覚が持てれば、その人は起業家として大きく成長したことになります。

最低限の条件と「根拠のない自信」を持つ

起業とは、サラリーマンという退屈だが安全が保証された近海から、灯台の光も届かない、しかし自由な大海原に飛び出すことです。その大海原には海賊もいればおおしけもやってきます。しかし自分の意志ひとつでどこへでも、どこまでも進んでいくことができます。だからこそ多くの人が困難を承知で起業するのです。

起業のための最低条件が揃ったら、あとはもう「自分は絶対に成功する」という、言わば「根拠のない自信」を持って前に進むことです。起業した人は皆、そうやって見切り発車しているのです。

起業の基本スタンス

起業の本質は世の中の問題を解決すること

使命感を持つことでモチベーションを維持できる

社会に貢献する使命感を持つ

起業して自分で事業を立ち上げるということには、「自分のやりたいことで儲ける」以上に大切な意味があります。それは「社会の問題を解決することで貢献する」ということです。サラリーマン時代には勤めている会社に貢献するということが、働く大きな動機になっていた人も多いでしょう。しかしこれからは自分が事業主として、直接に顧客や社会に貢献していくことになります。きれい事のように聞こえるかもしれませんが、これは今後長くビジネスを続ける上で、絶対に忘れてはならない考え方です。「自分の力で世の中の問題を解決する使命感を持つ」、これが起業にあたっての不可欠なスタンスです。

使命感が生み出すもの

起業して事業を始めると危機的な状況が何度も発生します。また安定して収益を生むまでには長い時間もかかります。もしたんなる「お金儲け」のために起業したとすれば、困難な状況（＝儲からない状況）が暫く続けばやめてしまえばいいという思考回路になってしまいます。しかし後に大きな成功を収める起業者は「ここでやめたら問題は解決しない」という高い使命感で、この困難な時期を乗り越えています。使命感があるからこそ、モチベーションを維持できるのです。

また使命感を持ってがんばっている人には、

＊どんな問題を解決するか

世の中には無数の問題（困り事）があります。まずは自分がどの困り事を解決するのかをはっきりさせていきます。最初に自分の強み（経験・知識・技術・資格・人脈など）について再確認します。次に自分自身の困り事をリストアップします。さらに家族、親族、知人、町内、勤めている会社、業界、地域、日本全体という具合に困っている人の範囲を広げていきます。現状だけではなく、過去の経緯、これからの予測なども参考になるはずです。

その姿勢に共感する人達がたくさん集まってきます。「一緒にやりたい」、「知恵を貸してあげたい」、「取引先を紹介してあげたい」、そんな人達の気持ちや支援に支えられて、事業は開花していくのです。

より大きな貢献を目指すことで会社は成長する

ここであなたの起業プランについて、再確認してみてください。ほとんどの人は既に「自分の強みを活かしたい」、「誰に何を売りたい」という考えは持っているでしょう。しかしそれだけではあくまで現時点での強みを前提にしたプランにしか過ぎません。それをさらに進めて、「誰のどんな問題をどのレベルで解決したいのか」、「それによって顧客がどれだけ助かるか、どれだけハッピーになるか」という所まで踏み込んでみてください。

このように考えると、多くの人は現時点の自分の力だけでは、十分な問題解決ができないことに気づくはずです。それこそが自分（自社）のこれからの成長の方向性となります。起業直後に十分な社会貢献ができている会社などありません。「どうやったら今よりもっと大きな貢献ができるか」、それを模索して努力し続けることが成長の原動力となるのです。

＊三方《さんぼう》よしの精神

「三方よし」とは、「売り手」、「買い手」、「世間」の三方を大切にすべしという、近江商人の精神です。

商売では売り手（自分）の利だけではなく、買い手の利、さらには世間全般の利にも気を配ることが必要であるというものです。自分達はあくまで社会の一員であるとの認識を持ち、社会全体で支えあいながら、共存共栄を図ろうとしたのです。

特に商売を売り手と買い手だけの閉じた関係ではなく、それを通じて社会全体との関わりを大切にしたところに「三方よし」の神髄があります。

そうして自分の強みでどのような問題を解決したいかを絞り込みます。その段階で、現時点でも活かせる自分の強みは何か、今後さらに強化していくべき強みは何かを明らかにしていきます。

起業マインド編

5

起業に必要な5つの条件

■起業でクリアしておきたいこと

▼何をやるか、資金はどうするか、困難に対処するやる気など

できるだけ客観的に判断してみる

起業するにあたって、準備万端などはまずあり得ません。しかしそれでも最低限クリアしておくべき条件はあります。私の経験上、以下についてはクリアしておくべきだと思います。なお、これらの条件をクリアしているかどうかの判断は「私はこう思う」といった主観に頼らざるを得ない部分もありますが、たとえば事業計画の妥当性など、第三者に客観的な意見を求めることができるものは、積極的にアドバイスをもらうようにしましょう。

起業するための5つの条件

①自分の強みを活かせる、かつ、やりたい事業がはっきりしていること

何をやるかが決まっていなければ話は進みません。大切なのは自分の強みが活かせる事業かどうかを冷静に分析することです。また苦しいことが続いてもやりきれる自分の好きな分野を選ぶことが大切です。

そして少なくとも今後5年間ぐらいの事業計画はもっておくべきです。これは売上・利益等の数値見込みだけではなく、なぜそのような数値が可能になるのか、たとえばいくらぐらいの商品をどれだけの値段で仕入れて、何個売るのでこれだけの売上・利益が出るといった儲けの仕組みの計画をもつことです。

②事業に応じた投資資金、運転資金、当面の生活費など開業資金が準備できていること

＊商工会議所の「創業塾」

全国の商工会議所では、事業を開始するための心構え、事業計画の作成方法、融資制度や創業事例などを学ぶ「創業塾」を開催しています。

参加資格等は特になく起業を考えている人であれば誰でも参加できます（定員制限あり）。

このような場を活用して自分の可能性を確認してみるのもいいでしょう。

開業資金はたくさんあればあったほうがいいに決まっています。しかし潤沢な開業資金を確保できる人は希でしょう。また資金がありすぎると「儲ける」ための努力が疎かになり、いたずらに資金を浪費するケースも見られます。生活費などの余剰資金はぎりぎり切りつめた状態で1年分あれば十分でしょう。

③起業直後から顧客になってくれそうな見込み客がいること

多少なりとも売上につながるという直接的なメリットの他に、実際にビジネスモデルを試すことができるというメリットがあります。たとえば小売業で起業する場合、見込み客の気に入りそうな商品の販路を確保し、適正な値付けをして買ってもらい、その感想を聞くといったビジネスのサイクルを試すことができるのです。もちろんゼロから顧客を開拓するという部分は試せませんが、本格的に営業を行っていくためにも、どうしたらお客さんに喜んでもらえるかを学ぶことは大変重要です。

④家族など起業によって生活に影響が出る人の了承を得ていること

多くの場合、起業すれば今までより忙しくなり、収入も不安定になります。家族にも大きな心配をかけることになります。そして理解を得るためには自分の夢を語ると共に、事業計画書などを説明して、自分達の暮らしぶりが今後このようになると説明することが必要です。

⑤やる気に満ちた健康な体があること

どんなに優れたビジネスプランや潤沢な資金があろうとも、健康を害してしまうと、サラリーマン時代と違って誰もあなたをフォローしてくれません。「サラリーマンは体が資本だ」とはよく言われますが、起業家はそれ以上に健康な体が求められます。

そしてこれらの条件が満たせていると思えたら、最後にもう一度1週間だけ考える時間をとりましょう。そして単なる気分の高まりではなく、冷静に考えても大丈夫だと思えたら、そのタイミングを逃さずに、一歩前に進んでみましょう。

起業マインド編

6

起業して変わったこと

■全てが自己責任の世界

▼精神的なタフさが問われる。落ち込んでなんかいられない！

24時間オンでもしんどくない

起業したいが最終的にその決断ができないという人は多いでしょう。私自身そのような期間が長く続きました。最後は正に「目をつぶった」状態で起業しました。そんな私の経験を踏まえて起業して変わったこと、変わらなかったことをお話しします。

起業して一番大きく変わったのは、時間に対する感覚です。サラリーマン時代も持ち帰った仕事を家でやることが多かったのですが、基本は会社にいる時間は「オン」、家にいる時間は「オフ」でした。これはサラリーマンであれば誰でもそうでしょう。

しかし起業するとこの感覚がなくなります。「24時間オフ」になれれば幸せでしょうが、ご想像の通り「24時間オン」になります。日曜日に買い物に出かけていても、友人と食事するときも心のどこかでビジネスのヒントを探るようになります。

では24時間始終しんどいのか、と問われればそうではありません。自分がやりたくもないビジネスのことを24時間考えるのは確かにしんどいですが、起業する人は基本的に自分のやりたいビジネスをやっています。好きなことをやっている状態ですから、24時間オンでもしんどくはないわけです。多くの起業家達は常にメモを持ち歩いていて、思いついたアイディアを忘れないうちに書き留めておくといいますが、自分も起業してみてこの感覚がよくわかりました。ひらめいたアイディア

※起業直後の武器は人間力しかない

会社員時代は大手企業のブランド力に助けられていた人でも、起業した後は自分自身を信じてもらうしかありません。特に起業直後で実績もほとんどないようなときに、武器になるのは、その人自身の人間力、つまり「誠実さ」や「謙虚さ」などしかありません。

たとえ自分は高い専門能力を持っていると思っていても、起業家としては全くの駆け出しであることを頭で理解するだけでなく、行動で相手に示す必要が

はひとつたりとも無駄にしたくないのです。

もちろん仕事ですからイヤなことはたくさんあります。その中にはサラリーマン時代には経験せずにすんでいたこともあります。しかしやりたくない仕事のための苦労は我慢できなくても、やりたい仕事のための苦労はどうにでもなるのです。

最後の最後は「どうにかなるさ」

次に大きく変わったのは精神的にタフ（または鈍感）になったことです。これは好きな仕事をやっているので、あまりストレスを感じなくなったという側面もありますが、むしろその逆の理由が大きいと思います。

起業すれば思いもかけないこと（多くは良くないこと）が次々と起こります。しかもサラリーマン時代とは違ってそれら全てに自分自身で対応していかなければなりません。普通に考えたらストレスの連続です。しかしそんな事に始終さらされていると、人間としての防御本能なのか、はたまた私自身の生来の脳天気さのせいなのか、次第に「なるようになるさ、失敗したらまた次頑張ればいい」という具合に、良い意味で「開き直れる」ようになってきたのです。

腹を括るということ

もちろん自分のミスで取引先などに迷惑をかけることは極力避けなければなりません。そのためにはありとあらゆる対策をとる必要があります。しかしやれることを全てやってだめなら仕方ありません。起業すればこのように腹を括るしかない場面が何度もやってきます。そしてそのことがあなたを精神的に鍛えてくれるのです。

あります。

起業マインド編 7

■自分の目的のために働く

起業して変わらなかったこと

▼お金を自分だけの力で稼いでいるという感覚を持てることが大切

当面の生活費は確保できた

起業をためらっている人の大きな理由のひとつに、直ぐにでも生活費にも困る状況になるのではないかという不安があると思います。会社員として毎月の安定収入が当たり前だった人にとってそれは当然と言えます。

もちろん売上ゼロが何年も続いても生活できるだけの蓄えがあれば、その不安はありませんが、そのような人はほとんどいないでしょう。

私自身、そのような余裕資金はありませんでしたから、起業の際にこの不安は最後までついて回りました。

結果として、起業直後はサラリーマン時代よりも大きく収入は減りましたが、生活費に困ることはありませんでした。

それができた最大の要因は、私の場合、起業後に一定期間は仕事をくれそうな先を確保できたことです。そしてこのことは起業するにあたって全ての人にお勧めするやり方です。

資金の多寡よりも確実な収入の確保

いくら準備資金が潤沢にあったとしても、収入ゼロが何カ月も続くと精神的にきついものです。僅かでも収入があれば、「実際に自分は起業してカネを稼いでいる」という自信と安心感を持つことができます。

またあらかじめ見込み客を確保しておくことは、本格的な新規顧客獲得の面からも有効

※会社員時代以上に学ぶ姿勢を

起業すると、当然ながら会社員時代の上司や先輩のように黙っていても仕事を教えてくれる人はいなくなります。経営者としての能力は日々の業務の中でもある程度は伸びていきますが、それだけでは限界があります。どんなに忙しくてもセミナーに出席したり、専門書籍を読んだりといった能力開発を継続する必要があるのです。大きな成功を収めている起業家は寸暇を惜しんで勉強しています。

です。当然ながら起業すれば前の会社の信用力は使えません。相手から見たら何の実績もない状態です。そんな中で新規顧客をゼロから営業して回るのは非常に大変です。起業までにある程度の見込み客を確保できていれば、その仕事をすることで実績作りにもなり、実績があれば新規の営業も格段に楽になるわけです。

ただし、起業前に確保する仕事の量は多ければ多いほどいいというわけではありません。会社員時代以上の収入を得られるような仕事量を確保すると、本来行うべき新規顧客獲得のための危機感が希薄になります。ある日突然その会社から仕事をもらえなくなるともうアウトです。

体を壊すことはなかった

起業すれば、働き過ぎで体を壊してしまうのではないかと心配している人も多いでしょう。実際労働時間は通常増えます。

私自身、人並み外れた体力を持っているわけではありません。それがなぜ体を壊さずにやっていられるかというと、これは前節で書いた「24時間オンでもしんどくない」にその答えがあります。

人間、嫌なことは5分でも耐えられなくなりますが、好きなことはいくら続けても疲れないものです。むろん限度というものはあると思いますが、それさえ注意していれば案外平気なものです。私は、会社員時代は健康診断は常に要再検査でしたが、「これだけ無茶苦茶働いてたらヤバイだろう」と起業後に覚悟して臨んだ最初の健康診断では、驚くことに全ての数値が改善していました。

ただし、これは本当にやりたい仕事で起業していることが大前提になります。私も起業分野を間違っていたら精神的ストレスで早期に戦線離脱していたかもしれません。

起業
マインド編
8

■開業資金をどうするか

開業資金は自己資金が基本

▼自己資金を中心に資金調達ができる範囲で事業展開を考える

少額起業で始めよう

ビジネスによって必要な開業資金は異なりますが、初めて起業する場合はできるだけ開業資金は抑えて、基本的には自己資金の範囲内で収めた方がいいと思います。

　起業するということは開業資金をこれから行うビジネスに投資することです。そして投資は経験値が高まるにしたがって成功確率があがっていくものです。いったん少額起業で始めておいて、経営者感覚を磨きながら徐々に投資を増やしていく方が結果として大きなビジネスに育てられる確率も高くなります。

　また着実に利益を積み上げていくことで信用力も高まり、将来事業を本格展開する際の融資を受けやすくなります。まずは限られた資金の中で事業を立ち上げて運営する術を学びましょう。

初期投資と運転資金

　開業資金は、初期投資と運転資金に分けて考えます。初期投資とはオフィスや店舗の保証料、内装工事費、備品購入費用などで、小売業の場合、これに開業時在庫仕入れ代金が加わります。また会社形態にする場合には会社の登記費用などが別途かかります。

　運転資金は、事業を運営していくのに必要な毎月の仕入れ代金、人件費、家賃、光熱費などです。

　開業資金のスリム化を図るときに検討すべ

※固定費を変動費化する

　費用には人件費や家賃など「売上ゼロでも同額が発生する」固定費と、材料費や外注費など「売上高に応じて額が変わる」変動費があります。少ない資金を有効に活用するためには、固定費をできるだけ変動費化することが有効です。たとえば単純作業は社員ではなく必要に応じて外注に任せるようにすることで、人件費という固定費を外注費という変動費に変えることができます。

き大きなポイントはオフィスや店舗関連の費用や開業時在庫仕入れ代金、それに人件費でしょう。

オフィスを構えたり店舗型ビジネスを行うのであれば、不動産を借りることは不可欠であり、できれば1等立地にあるおしゃれな物件を借りたいと思うでしょう。しかしそのためには多額の費用が必要になり、初期投資が大きく膨らみます。

最初の起業ではハイリスクハイリターン型ではなく、儲けは小さくとも初期投資が小さくてすむ地道なスタイルをお奨めします。

たとえば店舗を構えることを止めて、インターネット通販を主力にする、どうしても現物が見たいという人には自宅に来て貰う、という手法を取ると、店舗に関わるお金はかからないことになります。またメーカー側と委託販売契約を結ぶなど、できるだけ自分で在庫リスクを抱えない仕組みを考えることも大切です。さらに人件費については正社員を一人雇うと年間で何百万円という固定費を抱えることになります。また社員として採用するからには業績が低迷しても簡単には解雇できません。できれば必要に応じて家族に手伝ってもらう、どうしても雇うのであればアルバイトなどにして人件費を小さくしましょう。

運転資金は予想よりもかかるもの

初期投資についてはある程度見積もることができても、開業後の運転資金についてはなかなか予測できません。開業当初は予期せぬことが次々に起こり、追加で様々な費用が必要になることが少なくないからです。

さらに資金繰りとの兼ね合いもあります。一般顧客を対象にした現金商売ならいいのですが、企業間の取引がベースとなるビジネスでは、売上が立ってから実際に現金化するまでに3か月くらいかかる方が普通です。運転資金は最低でも6か月分は用意しておいた方がいいでしょう。

＊開業費用を節約する取り組み

開業費用の節約方法として具体的には、「居抜き物件の活用」、「中古の設備や備品を購入」、「レンタルやリースの設備や備品を利用」、「従業員を雇用せずに家族に頼む」、「店舗・事務所などの内装工事を極力自分で行う」などが考えられます。

起業マインド編 9

開業資金の借り入れ

どうしても自己資金で足りない場合には

借り入れの検討の前に起業プランの変更も検討する

身内からの借金でもきちんと返済計画を立てる

最初の開業資金はできるだけ抑えるべきであるとは既に述べました。

しかしながら飲食業のようにどうしても多額の開業費用がかかってしまう業種もあります。居抜き物件や中古備品の活用など少しでも費用を抑える努力をするべきですが、それでも資金が不足することもあります。

開業資金の不足分の調達先としてまず考えられるのは親や兄弟などの身内でしょう。ビジネスが成功するかどうかというよりも、あなたの熱意を信じて融資してくれるかもしれません。

しかし身内からの借金といえども、借用書や返済計画書などは必ず準備して、甘えが生じないようにしておくことが大切です。

日本政策金融公庫に相談する

次に検討するのが金融機関からの借入です。日本政策金融公庫では創業者向けに様々な融資制度が用意されており、多くの創業者が利用しています。

日本政策金融公庫の融資は、創業者支援の国策のもとに行われているため、民間の金融機関に較べて融資を受けられる可能性は高いのですが、それでも身内のように熱意だけで貸してくれるわけではありません。やろうとしている事業の経験、セールスポイント、資金計画、創業後の見通しなどが審査され、融

※日本政策金融公庫の新規開業資金
融資額は7200万円以内（うち運転資金4800万円以内）となっています。返済期間は原則として運転資金7年以内、設備資金20年です。利率は条件によって様々です。もちろん融資を受けるためには審査をパスしなければなりません。

資の可否の判断がなされます。ここで審査が通らなかった場合には、長年創業支援に関わってきた公庫の判断と重く受け止めて、プランを練り直した方が懸命です。

また、日本政策金融公庫以外にも、国や都道府県が行っている様々な創業支援制度があります。自分のやろうとしているビジネスに適用できないかどうか確認してみるのもいいでしょう。

ただし、こうした公的機関からの借入れでも、当然、融資には利息がつきます。月々の返済額と利息を合わせた、綿密な返済計画が必要となります。

出資者を募る

資金調達の方法には、借入ではなく出資者を募るという方法もあります。

たとえば必要な開業資金が一千万円なのに、自分で用意できる資金は８００万円である場合、残りの２００万円を出資してもらい、資本金を一千万円にするわけです。

出資は融資と違って返済義務がありません。これは出資する側からみると事業が失敗して倒産すればお金は一切戻ってこないことを意味します。

したがって出資を募る場合には、より詳細な事業計画など、出資者がビジネスの成否の判断ができるだけの資料を作成する必要があります。

なお、出資を受け入れた際には、その比率に応じて出資者は株主として経営に関与することができます。

万一悪意をもった人間が大株主になり、無理難題を投げかけてきた場合には経営に大変な支障をきたします。したがって出資を募る場合には、十分に信頼がおける人からのみ、それを受け入れるようにしたほうが無難です。

＊資金調達と出資

起業の場合、出資は通常、株主になることによって行なわれます。株主であれば出資者は株式を保有し、利益が出た場合には配当がなされます。

しかし、後によくモメるケースは出資したのではなく、起業者個人に貸したのだ、として返還を求められるケースです。

こうしたことを防ぐためには、契約書等で明確にしておくようにしてください。

起業マインド編
10

■仕事の中で経営を学べ

全てあなたが意思決定する

▼決断は、「功遅」よりも「拙速」で

「功遅」よりも「拙速」

起業して経営者となったからには、事業上の重要事項について全て自分で決定しなければなりません。いくら考えても合理的な答が見えてこなくても、目の前で起こっている問題について何らかの判断を迫られます。

コンサルティングをしていると様々なタイプの社長に出会いますが、意思決定の仕方も人それぞれです。何でもさっさと自分一人で決めてしまう社長もいれば、周囲から様々な意見を聞くまで決められない社長もいます。本来であれば経営者はこの「スピード」と「熟慮」のバランスを取っていかなければなりません。

しかし起業当初は「熟慮」するための経験や知識があきらかに不足しています。いくら考えても「仮にこうだったら」という仮説の積み重ねで、堂々巡りに終わってしまうことがほとんどでしょう。

もちろんできるだけ論理的に考えてみることは大切ですが、答が見つからない場合は時間をかけずに決断することが大切です。

「功遅」よりも「拙速」、これが起業当初の意志決定の原則です。事業を続けていく中で成功し続けるということはまずありません。事業規模が大きくなってからの致命的な失敗を回避するためにも、早い段階で小さい失敗をたくさんし、そこから学ぶことが大変重要なのです。

※なぜ失敗したかを深く考える

「拙速」の結果、失敗した場合には「なぜ失敗したのか」を深く考えることが大切です。「読みが甘かった」、「やり方がまずかった」、「自分に能力が不足していた」……失敗の原因はいくつもあります。失敗した原因を掘り下げ、それを繰り返さない方法を見つけることが経営を学ぶということです。

やるかやらないか迷ったら、原則は「やる」

また経営をしていると、新しいことをやるべきかやめておくかという選択を迫られることもあります。現在行っている事業の周辺分野に進出するかどうかなどがその典型例でしょう。そして、この場合も経験や知識不足から論理的な判断を下すことができません。

そんなときは、それが失敗したときのダメージを見積もって、致命的でないと思えたら、とりあえずやってみることです。実際にやってみないと、できるかどうかは永遠にわかりません。そして、やってみて失敗したときには、「失敗した」で終わらせるだけでなく、「今は無理でも将来的には可能になるのか」といった、可能になるための条件についても学ぶようにしましょう。

最後の判断基準は人間として正しいか正しくないか

京セラの創業者である稲盛さんの考え方に、「迷ったら、儲かるか儲からないかではなく、人間として正しいか、正しくないかで判断すべき」というものがあります。「嘘をつくな、欲張るな、人には親切にせよ」、このような人として生きる規範は、経営にもあてはまるというのです。

実業界で大成功を収め、経営の神様的な存在である稲盛さんだからこその考え方のように思えますが、多くの会社のコンサルティングを続けていると、私のような人間でもこのことは実感できます。

自分の儲けばかりを優先し、取引先や従業員のことを軽視しているような社長は、最終的には大成しません。周囲の人間も徐々に去っていきます。

起業して経営者としての道を選んだのであれば、ビジネス上の知識やスキルだけでなく、このような経営における哲学も学んでいきたいものです。

＊全《まった》き人格
京セラ創業者の稲盛和夫氏は、自身の文章（「中央公論」平成12年8月号）の中で、「起業を経営するうえで大事なことは、常にゴーイング・コンサーンであること。つまり永遠に続く事業、企業を作っていかなければならないということです」と語っています。さらにそのためには、「始めた以上は、『全き人格』の形成をめざして血のにじむような努力を積む。それがベンチャー企業のトップの義務であり、責任ではないでしょうか」と結んでいます。

起業マインド編

11

当事者意識を楽しもう

■全ての責任は自分にある

▼自分に言い訳しても仕方ない

サラリーマンとしての当事者意識

仕事においては「当事者意識」が大切とよく言われます。どんなに困難な仕事であっても、それを完遂するのは他ならぬ「自分自身」であると認識して何としてもやり抜くということです。

当事者意識の重要性はサラリーマンであっても、起業家であっても何ら変わるものではありません。しかしながら求められるレベルは全く異なります。

サラリーマン時代に管理職をやっていた人であれば、自部門に任された役割を何とかして全うしようと全力を尽くしたことでしょう。弱音を吐く部下に対しては厳しく叱咤激励をしたかもしれません。しかしどのような「鬼管理職」でも、心のどこかに「全力を出し切ってダメなら仕方ない」という保険のような意識があったのではないでしょうか。

これはサラリーマンとして一定の給料をもらいながら働いているうちは、ある意味では仕方のないことです。仮に失敗が続いて人事考課が低くなったとしても、よほどのことがない限り給料が半分になることはありません。また逆にものすごく困難な仕事をやり遂げて会社に多大な貢献をしたとしても、給料が何倍にもなることは一部の外資系企業などを除いてありません。

また当事者としての役割はあくまで自部門のそれに限られており、会社全体が直面している課題の全てに自分が当事者として関わる

※「知恵」を生み出す力

長い年月を経て生き残っている中小企業の社長達は、ことあるごとに様々な「知恵」を生み出します。ここでいう知恵とは「教科書的な経営知識」や「実践的ノウハウ」といったキレイなものだけではありません。むしろ倒産直前の困難を何としても乗り切るという「泥臭い執念」に近いものだと思います。彼らは倒産すれば全てを失うという完全なる当事者意識の中で現状打破のための知恵を生み出します。この力は全

ことはまずありません。他部門が苦労しているときに「協力」することはあっても、あくまでその当事者は他部門の管理職です。

　このようにいかに優秀な人であっても、サラリーマン時代の当事者意識は真剣度という「深さ」においても、守備範囲という「広さ」においても限定的なものなのです

起業家としての当事者意識

　ところが起業家として独立した後は全てのことに対して自分自身が完全なる「当事者」となります。「全力で取り組んだかどうか」は関係なく、結果は良くも悪しくも全て自分自身に跳ね返ってきます。「不測の事態が起こったから」と言って自分自身に言い訳をしたところで事態はいっこうに改善しません。

　起業家には経営に関する意志決定から日常的な雑務まで全てにおいて「完全なる当事者意識」が求められます。このことは頭では理解できていたとしても、実感としては起業してみないとわからないと思います。

　私自身、サラリーマン時代から当事者意識の大切さは十分に理解していました。コンサルタントとして先方の経営者に何度も指摘していました。しかし自分自身が独立して全ての責任を負うようになるまで、本当の「起業家としての当事者意識」は理解できていなかったのかもしれません。

当事者意識を楽しめるかどうか

　このように起業家として独立するということは、仕事の全てに対して「当事者意識」を発揮しなければならないということです。これは普通に考えたら大変なプレッシャーです。

　しかし逆に考えれば、どんな窮地に陥ったとしても、それは全て自分の意志決定や行動の結果です。この完全自由・自己責任の状況を楽しめるかどうか、腹を括れるかどうかが、起業家の適正を左右すると思います。

ての起業家にとって大変重要であると言えるでしょう。

◆M&Aで起業

人がやっていたビジネスを引き継ぐ

起業には自分がゼロからビジネスを立ち上げるのではなく、誰かがやっていたビジネスを自分が買い取って引き継いで始めるというスタイルもあります。いわゆるM&A(Merger and Acquisition)という方法です。M&Aというと大企業だけの話のようにも思えますが、実際には個人レベルでもM&Aによる起業は数多く行われています。

MBOで起業

M&Aによる起業の代表的な手法の一つとしてMBO（Management Buy-Out）があります。MBOとは、経営陣が所属している企業や事業部門を買収して独立することです。たとえばもともとの企業が経営資源を本業に集中したい場合に、新規事業部門を担当していた役員陣がその事業を買い取って独立するケースなどです。

起業者の立場から考えると自分の得意とする分野の事業を始められる、つまりこれまでの経験や既に獲得している顧客をそのまま活用できるというメリットがあります。

もちろんMBOにあたっては相応の買収資金が必要ですし、起業後のリスクは全て自分が背負うことになります。しかし一定の資金力や資金調達力をもったベテランの技術者などにとっては起業の有力な選択肢と言えるでしょう。

居抜き物件で起業

飲食店などでは営業していた店舗を内装、厨房機器、テーブルなどの備品なども含めて（居抜きで）そのまま新しい人に引き継ぐということも盛んに行われています。これも広義に捉えればM&Aの手法のひとつです。店舗を売り渡す側からみれば撤退のための新たな費用が発生しない(むしろ売却収入が得られる)というメリットがあり、買い受ける側からみれば前の店舗の設備の多くがそのまま使えるため、初期投資を大幅に節約できるというメリットがあります。またそもそも駅前などの好立地物件は表立った流通市場になかなか現れないことが普通です。

居抜き物件情報については地元の不動産屋や信金などの金融機関からの情報に頼るのが一般的でしたが、最近では居抜き物件の「売りたい」、「買いたい」情報を全国的に入手し、ネット上で仲介する企業もあります。

●第2章／起業戦略編

起業で成功するには戦略がいる

◈本章の項目

経営の基本を確認しよう／起業で成功するという意味／儲けを生み出す仕組みを固める／一時的な成功、継続的な成功／ビジネスモデルを精査する／マーケットリサーチは必ず行う／逆張りの発想を持つ／商品の価値は「品質」「見た目」「売り方」／経営理念で足元のぐらつきを防ぐ／できるだけたくさんの「応援団」を作る／5年後までの事業計画を作る

起業
戦略編
1

■起業と経営

経営の基本を確認しよう

▼良い商品を上手に売り続ける

事業とは、経営とは

筆者は長年中小企業経営者の方の経営をお手伝いさせて頂く仕事に携わってきました。どの経営者も優れた能力をお持ちで、こと専門分野にかけては世の中に右に出る人がいないのではないかという人ばかりです。しかしながら、専門外のこと、たとえば経営戦略策定や各種のマネジメントなど会社経営そのものについては苦労されている方が非常に多いのです。

これから起業する人のほとんどは最初は小規模でスタートすると思いますが、お金を儲ける以上、それは「事業」であり、事業を継続的に行うのであればそれは「経営」です。これは小規模起業でも大企業でも全く同じことです。したがって事業とは何か、経営とは何かについては最低限理解しておく必要があります。

簡単に言えば事業とはひとつひとつのビジネスそのものを指します。あなたが起業して最初の商品が大ヒットすれば事業としては成功したことになります。しかし当然ながらその商品が永遠に売れ続けるはずはありません。第2、第3の事業を成功させていかなければなりません。このように事業を途切れなく継続していくことこそが「経営」ということになります。

もちろん起業したての頃は、目の前の最初の事業を成功させることに集中せざるを得ないでしょう。しかしどこかで発想を「事業」

※「商品力」「営業力」「管理力」と経営戦略

本文で取り上げた「商品力」と「営業力」は車の両輪のようなものです。二つの両輪がしっかりかみ合っていかないと継続的な成功はあり得ません。そしてこの両輪を使って車を正しい方向に迅速かつ正確に導いていくのが「管理力」ということになります。

管理力とは商品力や営業力を最大限に発揮するための経営戦略や進捗状況を把握するための管理体制、総務・経理などの内部体制な

から「経営」に切り替えていかないと、長期的な成功は望めないのです。

良い商品を上手に売り続ける

　経営についてもう少し掘り下げて考えてみましょう。経営の基本は「良い商品を上手に売り続けること」に尽きます。

　では「良い商品」とは何でしょうか。当然ですがそれは買ってくれる顧客にとって良い商品でなければなりません。売る側がいくら良い商品だと思っても、買う側にとってメリットがなければ意味がありません。では顧客にとって良い商品とはなんでしょうか。それは顧客が持っている「こうしたい」とか「この問題を解決したい」といったニーズにきちんと応えてあげることができる商品です。このように「顧客にとってどれだけ役に立つか」でその商品の持つ力、つまり「商品力」が決まります。そして経営においては、ひとつの商品だけではなく、顧客にとって役に立つ商品を次々に生み続ける「商品開発力」も必要になります。

　次に「上手に売る」について考えてみます。

　これは巧みな話術で丸め込んで顧客に買ってもらうことではありません。その商品が本当に商品力がある、つまり顧客にとって役立つ商品であるということを、きちんと伝えて納得の上で購入してもらうことが大切です。そして経営を続けるためにはその顧客に今後も継続して買い続けてもらわなくてはなりません。したがって「売りっぱなし」ではなく、購入後のアフターフォローなども通じて顧客に満足してもらうことが重要になります。これが「営業力」です。繰り返しになりますが、営業力とは目の前に積まれた商品を口八丁手八丁で売りさばく力ではありません。今日も明日も明後日も、顧客に買い続けてもらう力のことです。つまり経営とは、「一度だけ良い商品を作って一度だけ売る」のではなく、「繰り返し何度も良い商品を作って、繰り返し売り続ける」ということなのです。

どを指します。

　管理力の中でも起業者にとってまず重要になるのが事業の方向性そのものを決める経営戦略です。経営戦略によって事業の目指すべき姿や実現までのシナリオを描いておくことが不可欠です。

起業戦略編 2

■起業では目的こそが大切

起業で成功するという意味

▼成功した姿をできるだけ具体化する

10人の起業家がいれば10通りの成功がある

人によって起業の目的は様々です。当然ながらそれによって成功したかどうかを計るモノサシは変わってきます。

その目的は、「会社に縛られずに仕事をしたい」といった仕事の仕方であったり、「好きな仕事に専念したい」といった仕事内容であったりします。中には「上場して莫大な資産を獲得したい」という人もいるでしょう。仕事の仕方や内容を重視する人にとって、会社をどの程度成長させたか、どのくらいの収入があるか、といったことは大した問題ではありません。やりたい仕事をやりたいようにできさえすれば、生活できるだけの収入があれば十分にその起業は成功したと言えるでしょう。もちろんそのように考えていた人が、「やはり一定規模まで会社を成長させたい」と思えば、新たな目的が設定されたことになります。

また最近は定年で退職した後、退職金や貯蓄・年金で食い扶持には困らないという人などを中心に「稼ぐというより自分の専門知識で社会に貢献したい」、「会社時代に叶わなかった夢を実現したい」、「若い世代に自分の知識・経験を伝えたい」という目的で起業するケースが増えています。当然そのような人達はまた別の成功のモノサシを持っています。このように10人の起業家がいれば、10通りの成功があるのです。

※どんな働き方をしたいのか

起業する人は「何をするか」だけではなく、「どのように働くか」についても選ぶことができます。たとえば「事業を軌道に乗せるまでは不眠不休で働く」という働き方もあれば、状況が許せば「マイペースで一歩ずつ」という働き方もあり得ます。特に定年退職者など経済的なゆとりがある人にとって、様々な「働き方」を考えることが、起業の選択肢を広げることにつながるでしょう。

成功像を具体化する

　起業の成功像が明らかになったら、それを少しずつ具体化していきます。たとえば、飲食店を始めるのであれば、どのような状態になったら自分にとって成功したと言えるのか、「当面の成功の姿」を明らかにしていくのです。ここでは「月間売上５００万円」といった数値だけではなく、成功にたどり着いたときのイメージをできるだけ膨らませることが大切です。

「どのような顧客に対して、どのような料理を、どのような価格で、どのような接客で提供しているか」といったことを思い描きます。また自分の強みをどのように活用するかについてもあわせて考えます。

　次に成功像にたどり着く大まかな時期の目安を立てます。飲食店を1店舗だけ開店するのであれば、開店して数か月後には成功像に近づいているでしょうし、数店舗のチェーン経営を成功と考えるのであれば、その時期は数年後ということになるでしょう。また成功像にたどり着くまでに必要な初期投資、運転資金、売上見込みも大まかでいいので計算します。

　そして現状と成功像を比較し、そのギャップを埋めるためにしなければならないことを箇条書きしていきます。

　これらの項目を整理するだけでも、起業の大まかな全体像が明らかになるはずです。頭の中で漠然と考えるだけではなく、事業構想書として、目に見える形にすることが大切です。

　なお、72～73ページに具体的な事業構想書の見本（日本政策金融公庫に融資を申し込む場合の申込書をもとに作成）を掲載しています。あなたの事業にもあてはめて考えてみましょう。

※事業構想段階で検討すべきこと

・具体的な成功イメージ（どのような状態になったら自分にとって成功と言えるのか）
・ビジネスの基本的な仕組み（どのような顧客にどのような商品を提供するのか）
・自分の強みの確認とそれをビジネスにどのように活かすか
・必要な初期投資、運転資金、売上見込み
・成功像と現状のギャップの確認
・ギャップを埋めるための施策

起業戦略編 3

あなただけのビジネスプランを作る

儲けを生み出す仕組みを固める

付加価値を高め高値で売るのも一つの方法

収益構造を考える

事業構想の際には収益構造を明らかにしておく必要があります。収益構造とは事業のどの部分にいくらぐらいのお金をかけて、最終的に自分はどのくらい儲けるかという基本的な枠組みです。

たとえばベーカリーショップでは一斤３００円程度のパンを売る店が一般的です。仮に材料を１２０円で仕入れていれば粗利益は１８０円であり、製造の手間賃や家賃などの経費にさらに１００円かかるのであれば、本当の儲けは80円ということになります。これが一般的なベーカリーの収益構造です。

ところが世の中には一斤１０００円という高額販売で高い利益をあげているショップもあります。

もちろんこのようなパンを買ってくれる層は少数であり、その購買基準も大変厳しいことでしょう。

高級店では「厳選された材料仕入れ」、「特殊な焼釜を使って手間暇をかけて焼きあげるなどの製造工程」、「自社のパンがいかに安全でおいしいかという告知活動」など様々な部分にお金をかけています。それらが奏功して一般的なベーカリーとは異なる高い収益構造が可能になっているのです。

事業構想の際には「いくらで売るか」だけではなく、「どこにどのようにお金をかけるか」を考えることがとても大切です。

※さらに付加価値を高めるには

付加価値を高める方向性は大きく分けて二つあります。

第一は本来の付加価値を生み出す力を高めていく方法です。ベーカリーショップで言えば、いかにいい材料を集めて、顧客が好みそうなおいしいパンを焼くかという力がそれにあたります。

そしてもうひとつは付加価値が発生するプロセスを拡げていくことです。たとえば高級ベーカリーが店頭で売るだけではなく、有料で宅配まで行うとする

付加価値の付け方を考える

付加価値とは事業活動を通じて新たに加わった商品の価値のことです。前述の一般的なベーカリーショップでは１２０円という材料費（もともとの価値）に対して、自店での製造・販売を通じて価値を高め３００円で販売しているのですから、１８０円という付加価値をつけていることになります。また高級型ベーカリーで仮に材料費が４００円であれば、６００円もの付加価値を生んでいることになります。

■どのプロセスにお金をかけてどのプロセスで儲けるか

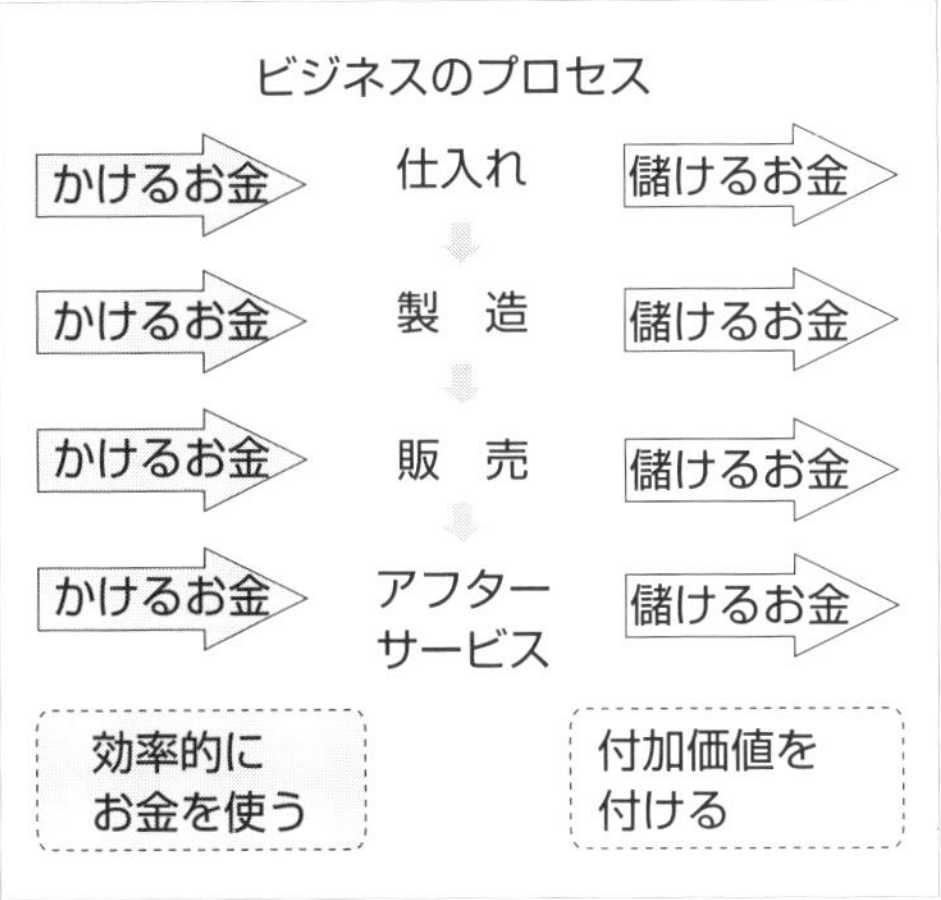

ではなぜ顧客は付加価値分も含めた代金を払うかと言えば、それは①自分でやるよりは効率的に済む、②そもそも自分ではできない、③自分ではやりたくない、のいずれかです。

たとえば自宅でパンを焼くということは多少の面倒を惜しまなければ不可能ではありません。しかし高級型ベーカリーのように「厳選した素材を集め、特殊な焼釜を使って…」ということは一般人にはまず無理です。また仮にそれができたとしても、毎朝早起きして自分でパンを焼き上げるということはできればやりたくないと思うでしょう。

事業構想を練るときには自分の事業がどのような部分で付加価値を生もうとしているのか、また生み出す価値にふさわしい販売価格になっているかどうかを検討する必要があります。

と、本来的なベーカリーの仕事とは異なる分野にまで付加価値発生の場を拡げたことになります。

またこのベーカリーが厳選素材の調達能力を活かして、自分が調達した材料を他のベーカリーに販売するビジネスに参入したとしたら、これも新たな付加価値発生の場を獲得したことになります。事業構想の際には、あらかじめ想定した守備範囲のビジネスの質をいかに高めていくかということだけではなく、守備範囲をどこまで拡げられるかという発想も必要です。

① 創 業 計 画 書

名前　鈴木　太郎

作成日
令和○年○月○日

1　事業内容など

業種	健康食レストラン	創業予定時期	令和○年○月

創業の動機	・料理屋で修行した経験を活かしたい ・近隣の人達にほっとできる空間を提供したい ・産直の新鮮で安価な仕入れルートが確保できた ・知人から好立地の居抜き物件を借りられることになった
過去の事業経験	✓事業を経営していたことはない。 □事業を経営していたことがあり、現在もその事業を続けている。 □事業を経営していたことがあるが、既にその事業をやめている。 ⇒やめた時期：　年　月
この事業の経験	㈱●●（割烹）に3年勤務 ㈱▲▲（創作料理店）に5年勤務 調理師免許保有
取扱商品・サービスの内容	・和食中心にフード30種、ドリンク20種程度 ・料理の単品価格は800円～1000円程度 ・客単価は3000円程度を想定
セールスポイント	・オーガニック野菜を中心とした健康に配慮した料理を提供 ・産直仕入れや居抜き物件活用などの経費削減により、高品質の料理をリーズナブルな価格で提供 ・これまでの料理人としての知識と経験を最大限に活かす

2　販売先・仕入先

販売先	一般個人 （●●駅利用者中心）	仕入先	㈱●●食品 ●●フード㈱ ㈱●●ファーム など

②

3　必要な資金と調達の方法

<table>
<tr><th colspan="2">必要な資金</th><th>金額</th><th>調　達　の　方　法</th><th>金額</th></tr>
<tr><td rowspan="4">設備資金</td><td rowspan="4">店舗、工場、機械、備品、車両など
（内訳）
居抜き物件改装費
保証金
備品
オープン販促費</td><td rowspan="4">550万円

200万円
200万円
100万円
50万円</td><td>自己資金</td><td>200万円</td></tr>
<tr><td>親、兄弟、知人、友人等からの借入
（内訳・返済方法）
父親から借入
2万円×100回
（年利●.●%）</td><td>200万円</td></tr>
<tr><td>日本政策金融公庫からの借入
元金25000円×100回
（年利●.●%）</td><td>250万円</td></tr>
<tr><td rowspan="2">他の金融機関等からの借入
（内訳・返済方法）</td><td rowspan="2">万円</td></tr>
<tr><td>運転資金</td><td>商品仕入、経費支払資金など
（内訳）</td><td>100万円</td></tr>
<tr><td colspan="2">合　計</td><td>650万円</td><td>合　計</td><td>650万円</td></tr>
</table>

4　創業後の見通し（月平均）

<table>
<tr><th colspan="2"></th><th>創業当初</th><th>軌道に乗った後
（○年○月頃）</th><th>売上高、売上原価（仕入高）、経費を計算された根拠をご記入ください。</th></tr>
<tr><td colspan="2">売上高①</td><td>300万円</td><td>500万円</td><td rowspan="9">＜創業当初＞
・客単価3000円、25日営業、一日あたり客数40人（昼夜合算）
・原価率50%（高めで設定）
・人件費正社員2名（30万円×2）、アルバイト2名（10万円×2）
・家賃30万円
・支払利息1万円
（公庫分、父親借入分合算）
・その他15万円
（リース料、水道光熱費、通信費など）

＜軌道に乗った後＞
一日当たり客数67人（昼夜合算）
・原価率40%
・人件費正社員3名（30万円×3）、アルバイト4名（10万円×4）
・その他費用は当初の倍増見込む</td></tr>
<tr><td colspan="2">売上原価②
（仕入高）</td><td>150万円</td><td>200万円</td></tr>
<tr><td rowspan="5">経費</td><td>人件費(注)</td><td>80万円</td><td>130万円</td></tr>
<tr><td>家　賃</td><td>30万円</td><td>30万円</td></tr>
<tr><td>支払利息</td><td>1万円</td><td>1万円</td></tr>
<tr><td>その他</td><td>15万円</td><td>30万円</td></tr>
<tr><td>合　計③</td><td>126万円</td><td>191万円</td></tr>
<tr><td colspan="2">利益①－②－③</td><td>24万円</td><td>109万円</td></tr>
</table>

起業戦略編 4

経営における本当の成功とは

一時的な成功、継続的な成功

「商品力」「営業力」「やる気」で、継続的な成功を目指せ！

成功には2種類ある

芸能界では「一発屋」と呼ばれる類の人がいます。なにかの弾みでヒット曲に恵まれ、大ヒットを飛ばしても、もともと良い曲を作る能力はないわけですから、一発の大花火で終わってしまうわけです。

これと同じで、私達が行うビジネスにも2種類の成功があります。それは「一時的な成功」と「継続的な成功」です。

たとえばある人が海外旅行で偶然にAという大変ユニークな商材を見つけたので、インターネットで販売したところ、マスコミに取り上げられてたちまち完売したとします。これはAという商品を売るということだけみれば成功と言えます（一時的な成功）。

しかしこの人が起業して輸入貿易商として成功できるかと言えばそれは難しいでしょう。Aという商品は幸運が重なって売れただけであり、この人は今後継続してB、Cというヒット商品を見つける力も売る力もないからです。

事業として継続していくためには、Aが売れているうちに次のヒット商品を見つける力や売る力が必要なのです。

これができてこそ継続的な成功、すなわち企業経営が成功したと言えるのです。つまり私達が起業して成功できるかどうかを考える時には、自分のビジネスプランが一発屋的な一時的な成功プランではなく、継続した真の成功プランになっているかどうかを確認する必要があるのです。

※企業経営はゴーイングコンサーン

これは「企業には継続するという社会的使命・責任がある」という意味で多く使われます。

営業を開始したとたん、企業には様々な利害関係者が発生します。株主、取引先、顧客、従業員、銀行など企業を取り巻く関係者は「その企業が継続して営業する」ことを前提に付き合っています。明日にでも営業を止めると分かっていれば誰も付き合ってくれません。もちろん経営者自身としても起業したか

継続した成功のために必要なこと

継続した成功のために必要なのは、一言で言えば「仕組み」を持ちそれを強化していくことです。先の例で言えば、Aというヒット商品だけではなく、B、Cというヒット商品を次々に見つけ出すための仕組みです。

そのためには、様々な顧客ニーズをできるだけ正確に把握するために情報収集力や感性を磨いたり、良い商材を調達するための多様なルートを開拓したりすることなどが必要になります。

また売れる商品を見つけ出す仕組みとともに、実際にそれを販売するための仕組み作りも重要です。そのためにはリピーターを確実に定着させることや、新規顧客を獲得するために日頃からの地道な営業活動を行うこと、既に販路を持っている企業と提携することなどが必要になります。さらに商品の特性に応じた効果的な販促手法を勉強することなども欠かせないでしょう。つまり、良いものが見つかりさえすれば必ず売れる仕組みをあらかじめ作っておくのです。

「商品力」、「営業力」、そして「やる気」

ここまで述べた「売れる商品を確保する仕組み」と「それを販売するための仕組み」は通常「商品（開発）力」、「営業力」と呼ばれます。そしてこの商品力と営業力は車の両輪のようなものです。どちらかが欠けていると経営は長続きしません。これは業種業態、企業規模を問わず普遍的なものです。

そしてこの両輪を力強く回していく源が「やる気」です。何度も述べているように、起業は自分のやりたい分野で行うのが原則です。そうであるからこそ経営が苦しくなってもやる気を継続できるのです。

らには継続して会社を成長させていきたいと思うでしょう。企業経営は「一時的」にではなくて「継続して」成功させなければなりません。

起業戦略編 5

■顧客獲得の戦略

ビジネスモデルを精査する

▼常に、顧客の立場に立って発想する

全ては顧客のニーズありき

ビジネスモデルとは簡単に言うと、「どのような人の、どのようなニーズに、どのような商品・サービスで応えるか」というビジネスの基本的な骨組みです。

いくら自分がやりたい事業であっても、強力な強みがあっても、それらが儲ける仕組みにはまらなければ事業はうまくいきません。

ここで注意すべきは、「自分が何をしたいか」ではなく、「顧客は何を欲しているか」から全てが始まるということです。

たとえば自分の趣味分野における専門知識を活かして起業するとします。趣味であれば、「自分がいかに楽しむか」を追求すればいいのですが、それをビジネスにするためには、「顧客にいかに楽しんでもらうか」に発想を切り替える必要があります。

業績悪化に苦しんでいる会社の中には、「なぜこのような良い商品が売れないのだろうか」と大変な勘違いをしている会社が数多くあります。顧客ニーズを無視してひとりよがりの状態になっているわけです。

業種ではなく与えている効果に注目する

では自分のビジネスに顧客ニーズが本当に存在するかどうかについて、どのように考えればいいのでしょうか。

そのためには、まず自分のビジネスの周辺だけでなく、世の中全体で今どのような商品

※売り込みとマーケティング

売り込みとは自分が優れていると思う商品をいかに売り込むかという活動です。もし売れないときは「こんなに良い商品なのになぜ客は買わないのか」と顧客に責任を押しつけてしまいがちです。

一方マーケティングとは客のニーズをいかに満たしていくかという活動です。もし商品が売れなければ、顧客ニーズを読み違えたか、商品の提供方法などがまずかったということになります。いずれにせよ顧客に責任は全く

やサービスが受け入れられているかを知る必要があります。たとえば成長ビジネスのキーワードとしてすっかり定着した「癒し」という言葉を考えてみましょう。これは一過性のブームに終わらず、現在でも様々な関連市場が成長しています。「ペット関連ビジネス」、「マッサージ」、「岩盤浴」、「アロマテラピー」、「農家レストラン」、「アウトドア関連ビジネス」、「絵本」……、それぞれ売る商品やサービスそのものは違っていますが、現代人が強く持っている「癒されたい」というニーズに応えようとしている点は共通しているわけです。

　このように成長市場の分析によって世の中全体のニーズの傾向を把握していきます。そしてあなたが始めようとしているビジネスを通じてそれに応えることができると確信が持てれば、あなたのビジネスには顧客ニーズがある確率が高いと言えるのです。

時代とともに顧客ニーズも変わる

　日本の高齢化は急速に進んでおり、２０１５年にはいわゆる「団塊の世代」の人達が全て65歳以上に達しました。このような状況の中、団塊の世代をターゲットとした金融、保険、医療、住宅、旅行、食といったさまざまな分野でのニーズを開拓する動きが一層加速しています。

　また、現在の65歳の方はまだまだ元気です。彼らは自分自身のため、配偶者のため、子供のため、孫のためなど活発な消費を行います。既に大企業から個人事業主まで規模の大小を問わず、あらゆる企業がこの有望市場に注目しています。

　起業家としては、こうした市場の流れを理解して、自分のビジネスチャンスとして活かしていくことが必要です。大企業に真似のできないユニークな発想で差別化策を考えてみましょう。

ありません。このように売り込みは出発点が自分ですが、マーケティングでは出発点は常に客なのです。

　起業者はマーケティングの視点からビジネスモデルを考えなければなりません。

起業戦略編

6

商売のための事前調査

マーケットリサーチは必ず行う

専門家に頼まなくても自分で調査はできる

自分なりに工夫してリサーチを行う

前節で紹介したような手順で自分のビジネスが世の中にニーズがありそうだと判断される場合、さらに踏み込んだリサーチを行います。いわゆるマーケットリサーチです。

大企業であればリサーチ会社などを使って大規模なアンケート調査などをすることができますが、新規起業者は資金的にそんな余裕はありません。

そこであまりお金のかからないニーズ調査のやり方として、やろうとしているビジネスの業界新聞や専門雑誌、商工会や業界団体などが独自に調査した研究データなどを精読することなどが考えられます。またインターネット上であなたが知りたいことに類似した既に行われたアンケート結果が公表されていることもありますので、調べてみるのもいいでしょう。

さらにきちんとしたデータとしては集計されていないかもしれませんが、フェイスブックやツイッターなどのＳＮＳ上の情報も役に立つはずです。

もっと簡単な方法として、ターゲット層になりそうな友人・知人などに聞いてみる方法もあります。「こんな商品やサービスがあったら、魅力的に感じるか」を直接聞いてみるのです。数は限定されますが、あなたのアイディアの評価だけでなく、「もっとこうしたら」という改善に向けたアドバイスをもらえるかもしれません。

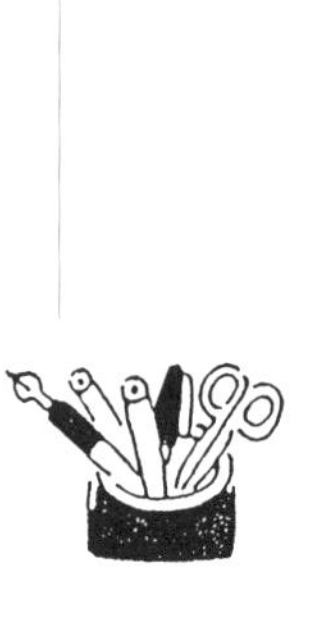

※ニーズとウォンツ

顧客ニーズという言葉と同時に使われる言葉に「ウォンツ」というものがあります。これは顧客ニーズと違って、顧客自身まだどんな効果を得たいかがわかっていない、つまりまだ表面化していないニーズのことです。たとえば飲食店の顧客には「おいしい料理が食べたい」という明確なニーズがあります。しかし「美容効果のある料理」という顧客自身が気づいていない「ウォンツ」を潜在的に持っていることもあります。顧客のウォンツをいち早く察知し、

店舗ビジネスなら立地調査、商圏調査も必要

あなたのビジネスが店舗を構えて顧客に来ていただくタイプのものであれば、立地調査や商圏調査を行う必要もあります。

立地調査とは簡単に言えば、お客さんが来てくれそうな度合いを調査するものです。よく駅前一等立地などという言い方をしますが、当然たくさんの人が集まる立地はお客さんが来てくれる確率が高まります。立地には遠くからでも店がわかるか、ビルであればアプローチしやすい低層階か、入り口は狭くないかなどのチェックポイントがあります。

しかしながら、立地が良い場所はそれだけ賃料も高いのが普通ですのでそのバランスが大切です。これは何度も現地に足を運んで人の流れなどを確認するしかありません。

また、二等立地であっても個性があり魅力的な商品・サービスを提供できれば、一度来てくれた顧客は、繰り返し来てくれるはずです。できるだけ小資本で開業するために立地よりも商品・サービス重視で勝負するのも一つの方法です。

商圏調査とはそのお店を出す周辺にターゲットとなりそうな人がどれ位いるかということです。ビジネス街に出店するのであれば平日昼間の人数、住宅街であればそこに住んでいる人達の数と質（ファミリー中心か学生中心かなど）が大切です。

国勢調査の結果をみると平日昼間の人口や住んでいる人の数が市町村単位でわかります。しかし市町村といった単位がそのまま商圏になることはあまりないので、参考程度にしかなりません。

やはりここでも実際に自分の足で調べなければなりません。

他社に先駆けてそれに応える商品を開発できれば、大きな成果を生み出すことができます。

※商圏調査の例

例えばオフィス街でランチ専門の和風高級弁当屋を始めるとします。ランチですので、遠くからお客さんは来ないと考え、商圏は自店から徒歩５分の半径４００メートル以内とします。

商圏内のオフィスビルの状況から、そこで働いている人の数が５０００人と予測できたとします。例えばその中の２％が自店に足を運んでくれれば毎日１００人となり、弁当がひとつ１０００円だとすると毎日10万円の売上、月20日営業だと月商２００万円ということになります。このような分析によって大体の売上の目安を立てておくことは非常に大切です。

起業戦略編 7

■常識にとらわれない発想

逆張りの発想を持つ

▼誰もがダメだと思っている商法にも勝機あり

文明未開の島で靴を売る

起業するためのアイディアを考えるときには、常識とは逆、つまり「逆張りの発想」も大切です。そうすることで先行企業との競争を回避することもできます。ここで逆張りの発想の典型例をお話ししましょう。

ある靴の貿易商の話です。嵐で船が流されて文明の発達から取り残された離島に漂着してしまいました。転んでもただでは起きない貿易商は、その島で靴を売ることを思いつきます。しかし出会う島民はみな裸足です。この島では「靴を履く」という習慣がまだないのです。この時その貿易商は次のどちらの感想を持つでしょうか？

①靴を履く習慣がない人達を相手にしても仕方ないとがっかりする

②まだ誰も靴を履いていないということは、この島の靴の市場を独り占めできる可能性があるとワクワクする

このとき起業家であれば、ぜひ②の発想を持ちたいものです。既に靴が普及している国では販売競争は熾烈ですが、ここではその競争相手が全くいないわけですから。

喫茶店を開業するなら岐阜市？それとも青森市？

前述の話は極端な例ですが、実は似たような話は実際にいくつもあります。

総務省が発表した「家計調査」（２０１６年―２０１８年の１世帯当たり年間の支出金

※競争優位に立つために

競争相手に勝つための基本的な戦略は、価格戦略（品質とのバランスで最も安価）、差別化戦略（他社の商品、サービスとの違いを徹底する）、ニッチ戦略（特定の事業分野に集中する）などがあります。

新規起業者にとって有効なのは差別化戦略とニッチ戦略の組み合わせ、つまり特定分野に絞り込んで、既存事業者との違いをはっきりと打ち出すことです。よほどの特殊要因がないかぎり、価格競争で

額）によれば、県庁所在地及び政令指定都市の中でもっとも喫茶代が使われているのは岐阜市で金額は1万5084円（二人以上世帯の1世帯当たり年間の支出金額）、最も少ないのは青森市で2268円でした（全国平均は6545円）。岐阜市では実に青森市の約7倍の支出をしているわけです。岐阜市の1回の喫茶代が極端に高いとは考えにくいので、岐阜市民はとにかく頻繁に喫茶店に通っていることになります。

　ではあなたが喫茶店を開業するとしたらどちらの市を選ぶでしょうか？

　喫茶店に通う文化が十分に根付き、全国平均の2倍以上の喫茶店代を使う岐阜市か？全国平均の半分以下しか喫茶店代を使わない青森市か？

　あなたがやろうとしているビジネスが地域密着型であれば、あえてその地域ではまだ普及していないビジネスを行い、フロンティアとして市場を開拓する方法もあるわけです。

は既存事業者には勝てません。

スマートフォンよりも黒電話を売る

　スマートフォンはすっかり普及し、機能はどんどん高度化してきています。その本流の中で機能やサービスに磨きをかけて、強力なライバル企業と戦うという戦法もあります。

　しかし市場変化の大きな潮流が起こった場合にも、小さいながらも従来の市場が残ったり、また新たな市場ができることがあります。スマートフォンの中でもあえて機能を抑えて操作をできるだけ簡単にした機種も売れています。さらに携帯ではなく昔のダイヤル式の黒電話が欲しいという人もいます（ネットオークションに多数出品）。

　経営戦略の教科書では、衰退市場からは撤退すべしというのが原則ですが、ライバル企業が撤退した後に残ったわずかな市場を独占するという戦い方もあるわけです。そして先行企業と真正面から戦うことが難しい新規起業者にとって、この発想は特に有効なのです。

＊レコードやカセットも人気あり

今や音楽はデジタルによるネット配信が主流ですが、レコードも根強い人気があります。また最近ではカセットテープも注目されています。このように時代の流れと逆方向に目を向けてみることも事業のヒントになるかもしれません。

起業戦略編 8

■一歩先をいく発想

商品の価値は「品質」「見た目」「売り方」

▼既存の商法に付加価値をつける

付加価値という考え方

ほとんどの場合、起業しようとしている分野には先行企業が存在します。そして起業するということはそれらの先行企業についているる顧客を奪うことに他なりません。

顧客は何のメリットもないのに、起業したてのあなたの方を向いてはくれません。先行企業から顧客を奪うためには、あなたならではの付加価値、つまり顧客から見ると先行企業よりも優れている部分が必要なのです。

そしてどのような付加価値をつけるかを考えるときに便利なのが、3つの商品価値という考え方です。これは簡単に言うと、「品質」、「見た目」、「売り方」です。なお、先行企業の商品に較べて「価格が安い」というのもひとつの付加価値ですが、通常、起業したての会社にとって価格競争は不利ですので、ここでは除外して考えます。

コンビニ弁当の3つの価値

コンビニ弁当で考えてみましょう。最初の価値は弁当の「品質」そのものの価値、つまり味や量、鮮度などです。品質で付加価値をつけるためには、味や量などの他、無農薬の原材料にこだわる、添加物を使用しないなどがあげられます。実際に多くのコンビニではその点をアピールしています。

次の価値は「見た目」です。手にとってみたいと思わせる形状やデザインになっていな

※価値を拡大して考える

本文では弁当屋さんを例にとって3つの価値を紹介していますが、商品を弁当そのものではなく「出先で簡単に食べられる食品」という具合に拡大して考えることで、新たな価値を見出すこともできます。

たとえば「簡単に食べられる」という付加価値に焦点をあてれば、「一口サイズのおにぎりセット」のような商品を開発することもできます。このように付加価値をつけようとしている商品の持つ価値

ければ、いくら品質が良くても商品は売れません。実際にコンビニ弁当ではプラスチック容器の無機的な印象を抑えるための様々な工夫がなされています。

3つめの価値は「売り方」です。品質と見た目が良くても、商品が顧客に届かないのではどうにもなりません。ほとんどのコンビニは24時間営業で、顧客からみるといつでも買えるというメリットがあります。またコンビニでは膨大なデータを駆使して、欠品・廃棄を少しでも減らす努力をしています。ですから、コンビニに行ったのにお目当ての弁当が品切れだった、ということは少ないのです。

コンビニ弁当に対抗するために

コンビニ弁当の出現によって、古くからある街の弁当屋さんは大きな打撃を受けました。しかし、それでもしぶとく生き残ったり、コンビニ弁当との違いをアピールして逆に売上を伸ばしている店もあります。これらの弁当屋さんはコンビニ弁当に対抗するためにどのような付加価値をつけているのでしょうか。

まず品質ですが、街の弁当屋さんはほとんどが自店での手作りです。調理工程を工夫して、いつでもあつあつの作りたて弁当を提供することができれば、「レンジでチン」のコンビニ弁当に勝ち目はありません。

次に見た目です。これは作りたて感をアピールすることで、十分勝機があるでしょう。コンビニ弁当と違って透明なラップがなくてすむだけでも、見た目は弁当屋さんに軍配があがります。

最後に売り方、これは弁当屋さんにとって頭を悩まされる問題です。特にオフィス街などでは昼時に客が殺到します。昼休みは限られているので、待ちきれない客は仕方なく、コンビニ弁当で済ます、ということが結構あります。予約制にしてあらかじめ作っておく弁当屋さんもありますが、やりすぎると、コンビニに対する最大の武器であるできたて感が損なわれてしまうので注意が必要です。

を一段掘り下げる（「弁当」ではなく「食品」と考える）ことによって、付加価値を見出せる領域が広がるのです。

起業
戦略編
9

■経営理念が戦略の基礎

経営理念で足元のぐらつきを防ぐ

▼経営理念に反する戦略は戦略ではない

起業の志を形に残す

起業する多くの人は、「このような事業をしたい」というだけではなく、その結果として「社会にこのように貢献したい」という意識も持っているでしょう。飲食業を始める人であれば、「安全な食事を通じてお客様を健康にしたい」といった意識を持っているはずです。

このように「自分たちはこうありたい」、「社会に対してこのような貢献をしたい」といった自社が存在する意義を明文化したものが経営理念と呼ばれるものです。

現時点で会社勤めをしている人であれば、その会社にも経営理念はあり、朝礼などで唱和している（あるいはさせられている）のではないでしょうか。

私もコンサルタントとして、経営理念の重要性を多くの経営者に説いてきました。そんな私がこんなことをいうのも何ですが、自分自身が起業して始めてその大切さが実感できました。

その効用は後述しますが、起業を考えている人はビジネスプランだけではなく、その起業の想いも経営理念として残しておいてください。別にかっこいい文章であったり、高邁な理念である必要はありません。問題はその「志」の内容です。

経営理念は迷ったときの道しるべになる

※意義ある経営理念作成のために

経営理念は業種業態あるいは起業する人の価値観によって、全く変わったものになります。正解というものは存在しません。しかし少なくとも経営理念をより意義のあるものにするためには、「社会全体に対して、顧客に対して、従業員に対しての3つの想いは何らかの形で示すこと」、「分かりやすく短い文章にすること」、「借りものではなく起業者自らが自分の言葉で作ること」などが大切です。

経営理念は通常は抽象的なものです。しかし抽象的であるが故に、様々なケースで意志決定に迷った際の判断基準に応用できます。

たとえば先にあげた「安全な食事を通じてお客様を健康にしたい」という経営理念を掲げている飲食店であれば、仕入れ業者から品質は劣るが格安の野菜をすすめられた場合でもそれに応じることはないでしょう。明らかに経営理念に反した行為だからです。そしてもし業者の話に乗ったとしたら、短期的には儲かるかもしれませんが、そのお店の理念に共鳴して通ってくれている常連客が、やがて離れていってしまうことは明らかです。迷ったときは経営理念に立ち返って考えることで、経営を正しい方向に進めることができます。

私自身、顧客企業と一生つきあえる「コーポレート・ライフコンサルタント」という理念を持っています。この理念があるだけで、営業から実際のコンサルティングまで様々な場面で、次に行うべきことの方向性が見えてきます。

自分の目指している姿を理解して貰える

従業員を雇う場合、経営理念は特に重要です。あらかじめ経営理念を示すことで、それに共鳴してくれる社員を募ることができます。どんなに能力が高くても理念に共鳴してくれない社員の採用は控えた方が無難です。

また採用後もその社員が経営理念を正しく理解できていれば、日常の業務で迷ったときの判断基準にすることができます。

さらに新規の取引先候補と接するときなどにも、経営理念があれば自分の目指している姿を示すことができます。

新たに取引を開始するかどうかの判断は、取引条件だけでなく、その会社の考え方、社長の性格などが大きく影響します。経営理念を語ることで、それらを先方に示すことができます。理念に基づいて堅実な経営を行っていることを理解してもらえたら、実際の取引につながる可能性が高まるのです。

※経営理念とビジョン
経営理念を踏まえて、自社の将来のある時点の姿を具体的にイメージしたのがビジョンと呼ばれるものです。
起業する際には、ビジョンをできるだけ明確にしておきましょう。そしてビジョン実現に向けて、どのような道筋で進んでいくかを細かく設計したものが、中期経営計画や単年度の事業計画ということになります。

起業戦略編 10

■多くの人を巻き込む

できるだけたくさんの「応援団」を作る

▼経営者として足りない部分は周囲の人から学ぶ

人とのつながりを軽視すると経営はうまくいかない

実際に起業してみると、改めて人とのつながりの大切さを思い知らされます。「あの人のアドバイスがなかったら倒産していた」、「苦しいときに顧客を紹介してもらった」、このような経験をもつ経営者は多いでしょう。

ビジネスを行う中で利害が一致するからつき合っているというだけではなく、時には自分のために一肌脱いでくれる、そんな応援団のような人は大変ありがたいものです。また直接ビジネスに関わる人だけではなく、家族や友人などの支えもとても大きいでしょう。

起業で成功できるかどうかは、ビジネスプランの出来映えだけでなく、自分を助けてくれる人をどれだけ持てるかに大きく左右されます。起業する前からできるだけ多くの応援団を作っておきましょう。

まずは家族に理解してもらう

起業すればあなたの生活は会社員時代とがらりと変わることになります。安定した給与はなくなり、働く時間も制限なしになります。当然ながら家族にも不安を与えるでしょう。起業を決意したら、まずは家族に自分のやりたいことをきちんと伝えて、理解してもらわなくてはなりません。手伝って欲しいことなどがあれば具体的にそれも伝えるべきです。

その際には漠然と夢を語るのではなく、なぜ自分がそのことにチャレンジしたいのか、

＊取引先や友人・知人を応援団に

起業したら、退職した会社だけではなく、取引先でつきあいがあった人や学生時代の友人、趣味を通じた知人など、あなたと接点のあるできるだけ多くの人に起業したことを伝えましょう。

あなたも知人から転職や独立の挨拶状を受け取ったことがあるでしょう。その時「何か自分で協力してやれることはないかな」と思ったはずです。そしてその時、自分自身の力だけではなく、自分の人脈も使えないかと

成功した場合には家族はどんな状態になるのかを具体的にイメージして説明することが大切です。また起業した後も、事業が今どうなっているかについてできるだけタイムリーに家族に説明し、不安を募らせないようにすることが必要です。

勤めていた会社はできるだけ活用する

勤めていた会社の上司、同僚、部下の中にはあなたのこと気にしてくれている人がたくさんいるでしょう。この人達は貴重な財産です。会社としてあなたに仕事を発注してくれるかもしれませんし、もしあなたが飲食店などを開業するのであれば、個人的に常連客になってくれるかもしれません。

またごく最近まで一緒に仕事をしていた上司や同僚はあなたの能力や仕事の向き・不向きについておそらく誰よりも客観的に把握しているでしょう。ビジネスプランそのものの評価だけでなく、あなたの能力や適正を踏まえた上でのアドバイスをくれるかもしれません。こうしたアドバイスは進んでもらうようにしましょう。

さらにあなたがやろうとしているビジネスが会社と相乗効果を生むような分野であれば、きちんと会社にプレゼンして、出資を頼んでみるという方法もあります。出資を受ければそれだけあなた自身のリスクは少なくなりますし、起業後も会社が優先的にあなたに仕事を回してくれる可能性が高まります。

退職前にできるだけ新たな人脈を作っておく

起業をある程度心に決めたなら、会社を辞めるまでの間に起業後のことを考えた新たな人脈作りをしておくことも大切です。

社外のセミナーや勉強会、展示会などに参加する場合、これまでは何となく名刺交換していたというような人でも、起業後に自分のお客さんになるかもしれないと考えると、がぜん真剣味が増してくるはずです。

も思ったでしょう。

起業した後の新たな人脈作りはもちろん重要です。しかしながらこれまでの人脈は自分の財産なのです。起業するにあたってはこの財産はサラリーマン時代の何倍もの価値を持ちます。この財産を活用しない手はありません。

起業戦略編 11

■夢を形にする

5年後までの事業計画を作る

▼事業計画があれば、達成度合いを確認できる

事業計画とは夢へ近づくための道標

事業計画を作ってそれを実行していく、経営ではあたりまえのことですが、これを面倒に思う社長もいます。毎年利益が出ているから計画なんていらないじゃないか、というわけです。

しかし事業計画とは突き詰めて考えれば「こうなりたい」と願って起業した夢へ近づくための道標です。

まずは夢実現に向けて5年後にはこうなっていたいという計画を無理矢理にでも作ることから始めます。

もちろん5年後のことなんて誰も正確に読めるはずはありません。しかし「こうなっていたい」という具体的な姿は描けるはずです。

漠然と「こうなったらいいなあ」というだけでなく、それが実現したら、会社はどのような姿になっているか、自分の暮らしぶりはどうなっているか、家族にどのような幸せを与えられているかなど、できるだけ具体的にその姿を描いていきましょう。その姿が具体的であればあるほど、ワクワク感が増し、やる気もわいてくるでしょう。

そして5年後の姿が描けたらその実現のためには3年後、2年後、1年後にはどうなっているべきかという具合に、より近い期限でのあるべき姿を設計します。そして今後1年間については、最低でも1か月単位で計画を立てます。これが直近1年間の事業計画というわけです。

※PDCAの管理サイクル

計画と実績の管理の仕方としてよくあげられるのが、計画(Plan)、実行(Do)、評価(Check)、改善(Action)の頭文字を取った「PDCAの管理サイクル」です。

まず目標を設定して、それを実現するため計画を設計します。そして計画を実施し、その実現度合いを確認・分析します。さらに分析結果を次回の計画設計や実行プロセスの改善に活かします。この一連の活動が「PDCAの管理サイクル」です。

計画で大切なのは結果ではなくプロセス

事業計画は売上や利益といった結果だけを目標にするものではありません。むしろ重要なのはどんな商品をどのように売っていくかというプロセスの計画の方です。

毎年利益が出し続けているから計画を作らないと言う社長は、なぜ利益が出ているのか、本当ならもっと利益が出るはずだったのではないか、といったプロセスの確認が一切できないわけです。

そもそも計画通りに事業が進まない原因は大きく分けて３つあります。ひとつは「計画自体が無茶だった」、もうひとつは「計画は妥当だったがプロセスを間違った」、最後は「両方ともだめだった」です。

計画がないとどれがだめだったかさえわかりません。もちろんプロセスの評価をすることもできません。

計画を立てる能力は経験の中で身につく

特に起業したての新米経営者は、計画の作り方もその実施のプロセスについてもほとんど素人です。たとえばサラリーマン時代に自分の営業計画を立てて、ことごとくそれを達成していたとしても、経営ではそれとは比較にならないくらいの不確定要素とつきあっていかなければなりません。

何度も計画を作って何度もうまくいかないという経験を積む中で、計画を立てる能力もそれを実行する能力もあがっていきます。

また、事業計画があれば、その達成度も確認できます。特に、事業がなかなかうまくいかない場合には、当初の事業計画と比較検討することにより、早期の対策が打てるのです。

的確な事業計画とその計画を実行することにより、起業の夢を実現できる確率が高まります。

これらの活動を継続的に行うことによって、計画の精度向上や実行プロセスの効率化などが実現できるのです。

◆起業時に受けられる公的支援

公庫や自治体の支援制度を活用しよう

日本政策金融公庫の各支店では創業に関する相談窓口を設けています。創業計画の立て方や事業内容の精査など個別の相談に応じてくれます。支店によっては夜間や土日の相談も可能です。

また、全国の地方自治体では起業家支援のために様々なサービスを提供しています。例えば東京都には、「東京都中小企業振興公社」という公益財団法人があり、様々な経営相談に無料で応じてくれます。また創業間もない企業に安価な賃料でオフィスを一定期間貸し出す制度もあります。さらに新製品・新技術の研究開発等に対し、各種助成金を交付しています。

このような公的な起業支援サービスは都道府県単位だけでなく市単位でも行われていることもあります。自分が住んでいる町あるいは起業しようとしている町で利用できる制度の有無について、市役所の産業振興を担当している部署に問い合わせてみるのもよいと思います。なお、助成金については申請時期が決められているものがほとんどですので、事前に情報を確認してタイミングを逃さないようにしましょう。

支援には一定の基準がある

もちろんこういった公的な起業支援サービスを受けるには事業計画などを提出して、一定の基準をクリアしなければなりません。資料の作成は大変ですが、自分が行おうとしているビジネスの可能性を客観的に評価してくれる機会と捉えて、活用できそうな制度があれば積極的にチャレンジしてみましょう。

また、これらの支援機関は起業前だけではなく、起業後も様々な経営相談に応じてくれます。末永く悩みを相談できる良きパートナーになってもらうためにも、積極的に関係を築いていきましょう。

なお、巻末資料で起業に関する情報等の入手先を掲載しましたので、併せて参照してください。

●第3章／起業実践編

自分にあった起業スタイルを選択しよう

◈本章の項目

起業分野は3つの視点で選ぶ／在宅ワークによる起業成功法／小売業で起業する成功法／飲食業で起業する成功法／資格を活かした起業法／ITスキルを活かした起業法／自然の中で仕事をする起業法／20代で起業する法／30～40代で起業する法／定年前後からの起業成功法／フランチャイズ加盟による起業法／共同経営による起業法／うまくいかないときの引き際も事前に考えておく

起業実践編 1

「やりたいこと」、「できること」、「収益を確保できること」

起業分野は3つの視点で選ぶ

まずは、自分の能力を知ることから始めよう！

自分の本当の「強み」を見極める

起業の成功イメージが描けたら、具体的にどのような事業にするかを考えていきます。

独立するからには好きなことをやりたいのは当然です。これは言うまでもなく大原則ですが、それに加えて、自分の「強み」を活かせることが大切になります。会社を経営するということは他社との競争です。何かひとつでも他社より優れた部分がないと生き残っていけません。

ほとんどの人は起業分野として、これまで関わってきた仕事や没頭している趣味などの周辺分野を選ぶと思います。これはその分野の専門能力という他の人にない「強み」を活かすという意味で妥当な選択です。

問題はその「強み」をどのように捉えるかです。ここでは優秀な自動車のセールスマンが起業するケースを考えてみましょう。この人は他のセールスマンより販売台数が多いわけですが、それ自体は強みではありません。本当の強みとは「他の人よりもなぜ売れるのか」、その理由です。それはたとえば次のようなものが考えられます。

①業界情報や自動車そのものに関する知識が豊富である

②お客様の心を捉える雰囲気やセールストークを持っている

③地域密着営業を徹底しており、周辺住民の近況を深く把握している

仮に①がその人の本当の強みであるとした

※「利用できる」強みも考える

自分の強みを考えるときには自分自身が保有している知識や能力だけではなく、外部にある「利用できる」強みも考えましょう。

その際に筆頭にあげられるのは人脈です。自分がやろうとしているビジネスの直接的な顧客になってくれそうな人だけではなく、顧客を紹介してくれそうな人、あるいはビジネスそのものにアドバイスをくれそうな人も貴重な人脈です。

これらの豊富な人脈を保有していること自

ら、その知識を活かして、特定の車種に絞ったディーラービジネス進出などが考えられます。また②であれば、営業代行ビジネスや営業コンサルティングなどが、③であれば商圏の知識を活かした小売店や飲食店などの店舗ビジネス進出などが考えられます。

　このように自分の強みを活かした起業は大変有効ですが、その強みは何かを改めて確認することが起業分野検討の際には重要です。自分自身ではよくわからないこともあるかと思いますが、そんな場合は同僚や友人などに客観的な意見を求めてみましょう。

収益性を偏重した事業選択をしない

　最終的に起業分野を決定する際には、前述の「自分の本当にやりたい事業か」、「自分の強みを活かせるか」に加えて、「収益を確保できるか」についても検討しなければなりません。

　大きく儲けることを起業の目的にしている人はもちろんですが、社会貢献を起業目的にしている人であっても最低限の収益がなければ、事業の継続はできません。

　自分が起業しようとしている分野で、既に事業を行っている会社の収益性を調べるなどして、ある程度の見込みを立てておくことが大切です。ただし、この際に「こっちの分野の方が儲かりそうだから」と、自分の志向や強みを軽視した事業選択は絶対に行うべきではありません。

　誰がやっても大きく儲かる事業などは世の中に存在しません。儲けている会社はその事業分野に必要な能力を持ち、必死になって経営しているから儲かっているのです。

　どのような分野で起業しても必ず様々な困難に直面します。その際にそれを乗り越えられるかどうかは、結局の所「どうしてもこの事業を成功させたい」という意志とそれを実現できるだけの専門能力にかかっています。儲けのみを優先した起業では、困難に直面した時に、踏ん張りがききません。

体が強みと言えるのです。

起業実践編 2

■最も現実的で手軽な起業

在宅ワークによる起業成功法

▼まずは、個人事業主から始めるのも一つの方法

手軽に始められるのがメリット

起業パターンの中で最も手軽に始められるのがこの在宅ワークでしょう。

自宅をそのまま仕事場として使うので新たな家賃などが発生しません。通勤による時間的なロスもありません。

また現在では、パソコンやインターネットの普及によって選択できる職種の幅がぐっと広がりました。インターネット上には仕事の発注者・受注者のマッチングを斡旋するサイトもあります。これらを活用することで仕事獲得の可能性が高まります。

~在宅ワークの代表的仕事一覧~

・ホームページ作成・SEO
・ワープロ、データ入力
・プログラミング
・受託ソフトウェア開発
・ライティング
・翻訳
・ネット通販
・コンサルティング

在宅ワークの場合、まず個人事業主から始めて、事業規模が拡大して事務所を持つ段階で会社にするのもよいでしょう。

在職中の人脈を直接的に活用する

在宅ワークで起業する場合、在職していた

＊営業構造の考え方

営業構造とは、発注者と受注者の間にある構造のことです。発注者を企業として、自分自身が直接ライティングしている場合は、「発注者は企業、受注者は自分」という単純な構造になります。また本文中にあるように、自分が発注者と受注者の間に入ってそのコーディネートを行う営業構造もあります。そして発注者と最終的な受注者との間に、さらに階層が入ることもあります。

通常、営業構造の中で上流にいる方が生産

会社から仕事を貰うことも是非検討しましょう。

会社としてはあなたの能力や人柄を十分にわかっているので、安心して仕事を頼むことができます。この人脈は最大限に活用し、できれば「応援するよ」といった漠然としたものではなく、一定期間仕事を回してくれる具体的なメドを立ててから、起業をスタートしましょう。もちろん新規客の開拓は不可欠ですが、新規客に売り込むにも何らかの実績がなければ困難です。

起業直後の収入確保のためにも、新規開拓に向けた実績作りのためにも、在職していた会社の人脈は最大限に活用しましょう。

下請けに徹するか脱下請けを狙うか

一定程度事業がうまく回り始めたら、自分のスタンスを一度見直してみましょう。

たとえばあなたが「ライティング」をしているとすると、ライティングという業務の質や幅を広げて、どんどん仕事量を増やしていく、つまり下請けに徹するというやり方がまず考えられます。しかしスタンスを少し変えると、おなじようなライティングをしている人達を束ねておいて、自らは企業などから仕事をとってきて、彼らを下請けとして使うというやり方も考えられます。

もちろん自分自身の最も興味のある分野のライティングはそのまま続けて、それ以外の分野を下請けの人達に任せるというやり方もあります。このような「脱下請け」を実現するためには、自分自身のライティング能力の他に、企業などの発注者側から安定して仕事を確保するための営業力と、傘下に優秀なライター達を集め、納期通りにきちんと仕事をさせるというマネジメント力が必要になります。

どのようなスタンスを取るかは好み次第ですが、少なくとも事業を本格的に拡大したいと考えるならば、「脱下請け」は有力な選択肢のひとつになります。

性は高くなります。事業を拡大発展させていくためには、より上流工程を狙うのもひとつの方法です。

起業実践編 3

小売業で起業する成功法

■「広い」品揃えより「深い」品揃え

▼何を・どこで・いくらで売るかが勝負

価格よりも目利きで勝負

始めての起業であることを前提とすると、大手スーパーなどと競合するようなありきたりの商品で価格勝負することは初期投資の観点から考えられません。その店でしか買えない魅力ある商品をどれだけ揃えられるかが勝負の分かれ目になります。自分自身が深い知識を持っている特定のジャンルの商品を、「同好の士」に売るといったマニアックな手法が少額投資型小売店の基本です。

たとえば雑貨店を開業するとしましょう。雑貨店ですから種々雑多の商品を扱うことになります。その時のポイントは雑貨店として「幅広い品揃え」で勝負するのではなく、雑貨の中でも特定のジャンルに絞り込んで「深い品揃え」で勝負することです。

少額投資の開業ですから「幅広い品揃え」で勝負するのには限界があります。できるだけジャンルを絞り込んで、その範囲内では「日本一」を目指すというやり方の方が向いています。ターゲットは限定されますが、少数でもあなたの店の熱狂的なファンを作るようなやり方を工夫します。たとえばお客さん向けの会報を作るなど囲い込んでしまうやり方が有効です。

また特定の狭い分野に関心のあるお客を狙うのですから、お店の周囲の住民だけを対象にしているだけでは不十分です。インターネットを最大限活用して全国の「同好の士」に呼びかけましょう。

※フランチャイズと代理店

加盟料が必要になる点は共通ですが、フランチャイズは事業開始後も経営指導料にあたるロイヤリティーが発生するのに対して、代理店制度では通常発生しません。そのかわりフランチャイズのようなきちんとした経営指導は受けることができません。

周辺の競合店を集客力として使う

東京であれば、秋葉原は言わずと知れた電気街です。また荻窪から吉祥寺といった地区にはたくさんの雑貨店があります。このように全国には特定の種類のお店が集中している地区がたくさんあります。そのような「○○を買うならばあの街で」という場所に競合を承知で出店するのもひとつの方法です。雑貨店を出店する場合、荻窪や吉祥寺に出店すれば、何も宣伝しなくてもその地区に雑貨店目当てでやってきたお客さんが来てくれるかもしれません。周辺の店との違いを明確に出せれば、それらの店を、競合店から集客装置に変えることができるのです。

代理店型ビジネスも検討する

代理店型ビジネスとは特定の商品を売る権利を買って代理店になり、あなたの営業力でその商品を売っていくビジネスです。

つまり自分で商品を探したり開発したりする手間が省けます。インターネット上ではたくさんの本部が代理店を募集しています。その中に商品が魅力的で、本部も信頼できると判断できるものがあれば、検討してみるのもいいかもしれません。

その際には他の代理店が実際にどの程度商品を売っているのか、好調店の特徴は何かなどを聞き、自分であればどの程度販売できそうかをきちんと検討しましょう。また代理店自身がいったんたくさんの在庫を抱えて顧客に販売するのではなく、できるだけ顧客の注文があってから本部に発注できる「在庫ゼロ型」の代理店ビジネスを選択しましょう。

なお、同じような商売のやり方に後述するフランチャイズがあります。

営業力には自信があるので、「売れ筋の商品だけ調達したい」という人にはフランチャイズよりも代理店制度を活用する方が向いているかもしれません。

起業実践編 4

できるだけ低投資で

飲食業で起業する成功法

どういう場所で、どういう店にするかがポイント

最初は小規模なお店から

飲食業は誰でも親しみの深い業種であり、一度は自分のお店を持ちたい、と考える人も多いでしょう。しかしこの章で取り上げているいろいろなビジネスの中で、飲食業は最も初期投資がかかるビジネスです。

また最近は、飲食業の流行サイクルは短くなっていて、奇をてらった業態はあっというまに廃れてしまう可能性もあります。最初のお店は小さくても極力初期投資を抑えて始めるべきでしょう。

まずはできるだけ自己資金で賄える小規模の店から始め、飲食店経営を実践的に学びながら徐々に規模を拡大していく方が確実です。

少額の初期投資を心がけたとしても、やはりある程度の投資はどうしてもかかります。問題はそれをどうやって回収していくかです。

単月度では黒字であっても常に初期投資がどれだけ回収できているかを意識しましょう。できれば3年以内、最も長くても5年以内に初期投資を回収することが必要でしょう。

飲食店起業のポイント

① 流行り廃りの少ない業態を選ぶ

最近「激辛料理が流行っているから」とか、「立食いのお店が人気だから」といった流行に飛びつくのはあまりお奨めできません。瞬間的には儲かるかもしれませんが、そういった流行りものはやはり直ぐにあきられてしま

＊飲食店オープンは慎重に

飲食店では、開業当初は物珍しさからたくさんお客さんがやってきます。そこできちんと満足して頂ければリピーターとして定着し、不満を感じれば2度と来てくれません。

開店当初の調理や接客に不慣れな時期に、チラシなどで過度の集客をしてしまうと、あっという間にたくさんの不満客、つまり2度と来てくれない客を作ってしまいます。

このような事態を避けるために、開店前などに一切の宣伝を行わ

うのです。まずは自分の強みが生かせて、流行り廃りの少ない業態で開業し、安定的な収益の基盤を作ることが大切です。

② 居抜き物件や中古機器も活用する

居抜き物件とは閉店した店の厨房やホールなどがそのまま活用できる物件のことです。最低限の改装や備品購入で済むので初期投資は抑えられます。もちろん閉店した店ですから、何らかの問題があったはずですが、あなたが新たに開店するにあたってそれらの問題がクリアできる目処が立てば、非常にお得な物件ということになります。

地元の不動産業者と親しくなるなどして、こまめに物件情報を入手しましょう。

また中古の厨房機器も品揃え・品質とも大変充実しています。新品の半額以下で買える場合がほとんどですので、厨房機器購入の際には検討してみましょう。

③ 人はできるだけ雇わず身内で済ます

開業当初はできるだけ自分一人または家族など身内だけで始めた方がいいと思います。最初のうちは混乱続きでアルバイトをうまく使いこなすどころではない場合が多いからです。店舗運営がある程度固まってきて、「この部分はアルバイトに任せて自分はさらに新しい仕事にチャレンジ」という目処が立ってからアルバイトを採用する方が効率的です。

宅配型飲食ビジネスも検討する

最近は中華・洋食・和食など様々な料理の宅配飲食ビジネスが登場しています。宅配型の強みは、なんといっても厨房さえ確保できれば店舗が不要であり初期投資が抑えられること、そしてお客に来てもらうわけではないので厨房の立地は関係ないことです。店舗型飲食店に比べて宅配用のバイクや告知チラシなどにお金はかかりますが、それでも立地のいい場所に店舗を構える場合と比較する少ない投資で済みます。

ず（サイレントオープンといいます）、仕事に慣れながら徐々にチラシなどで集客数を増やすという手法もあります。

起業実践編 5

■比較的確実な起業

資格を活かした起業成功法

▼資格を取っての起業は営業力がポイント

資格をビジネスに生かすには

・免許型と認定型

既に持っている資格、または新たに取得する資格を活かして起業する、これはなかなか魅力的な選択です。

世の中には様々な資格がありますが、それらは大別して免許型と認定型に分けることができます。前者は特定の分野についてその資格保有者以外は行ってはいけないと決められている資格です。後者はそのような法的な根拠はなく、この人はこういった能力を持っているだろうと、認定するものです。

たとえば法律に関連した仕事は弁護士などの資格保有者しか行えませんが、経営コンサルティングなどは「中小企業診断士」の資格を持っていなくても行うことが可能です。

このため一般的には免許型の資格の方が強いとされていますが、免許型の資格を持っていれば必ず仕事があるわけではありません。

逆に認定型の資格をうまく活用して成功している人もたくさんいます。つまり資格をいかにビジネスに結びつけるかがポイントです。

・どんな資格のニーズが高いか

弁護士、公認会計士といった超難関で合格者数も限られている資格は別として、やはりその時代に応じてニーズの高い資格というものはあります。たとえばコンピューター関連の資格は、益々注目を集め、関連資格の種類も増えてきています。また今後の高齢化の進展を考えれば、介護関連の資格のニーズが高

＊取った後の勉強も覚悟する

資格を取得してそれを武器に起業できたとしても、勉強はそれだけでは終わりません。法律や制度は毎年変わります。法律関連の資格を武器に商売している場合、関連する法律は100％理解しておかなければなりません。また技術関連の資格についても技術は日進月歩ですから、常に最新の技術を学び続けなければなりません。資格取得の勉強よりも開業してからの勉強の方が大変だというのはよく聞かれる言葉です。

まることは確実です。

これから資格を取ってそれを武器に起業するのであれば、当然社会のニーズが高い分野を選ぶ方が得策ということになります。

・組み合わせで勝負する

資格には複数を組み合わせることで、守備範囲が大きく広がるケースがあります。たとえば宅地建物取引士とＦＰ（ファイナンシャルプランナー）の組み合わせなどが好例です。宅地建物取引士は不動産取引の専門家、ＦＰはライフプランにまつわるお金の専門家です。不動産の購入や売却は顧客にとって一大イベントです。その際に単に物件の取引だけではなく、ライフプランを考慮した資金面、税金面などのアドバイスも同時に行うことができれば、顧客層が大きく広がり、信頼も増すことは間違いありません。

自分が既に持っている資格（取ろうとしている資格含む）にプラスアルファで、相性の良い資格をさらに組み合わせることも検討しましょう。

どうやって営業するか

やはりここが一番の難関だと思います。資格は持っているだけでは意味がありません。

仕事を得るためには、最初は、自分の人脈を最大限に活かして、自らお客を見つけることしかありません。逆に言うと、取得する資格を決める段階で自分の人脈で仕事をもらえそうな種類の資格を選ぶことが必要になります。たとえばあなたがサラリーマン時代に身に付けた専門知識のうち、知識はあるのだが正式な資格を持っていないがために、外部の有資格者に見てもらわざるを得なかったといった分野があれば狙い目といえるでしょう。

そして一度仕事をくれた相手には十分なフォローをして、再度の受注や紹介につなげていくことが大切です。

起業実践編 6

■働き方の選択は様々

ITスキルを活かした起業成功法

▼フリーランスならリスクは低い

ITスキルを武器にした起業とは

ITスキルを武器にした起業では、初期投資がほとんどかからず、また今までの自分の経験をよりダイレクトに活かすことができます。仕事の仕方もクライアントから仕事をもらいながらフリーランスで稼ぐというスタイルも選べますし、唯一無二の技術を開発して世の中を変えるという挑戦的な取り組みもできます。

起業する人の経験も様々であり、長年IT企業でエンジニアとして勤めた人もいれば、大学で高度な技術を学んで、就職をせずにそのまま起業する人もいます。事業経験も年齢も異なる様々な人達がITスキルを武器に起業しています。

受注型スタイル（フリーランス）

受注型とは、世の中の広く全般の企業を対象として、その企業が持つ具体的なニーズを解決していくスタイルです。インターネット上には数多くのITビジネスのマッチングサイトが存在します。それを利用してニーズを持っている企業を紹介してもらうことができます。単価は比較的低いようですが、起業直後に実績を積みたい場合などには役に立ちます。

また、世の中には既に数多くのIT関連のフリーランスがいます。そのような人達と人脈を広げることで、仕事を融通し合ったり、時には共同受注することもできます。

＊IoT

Internet of Thingsの頭文字を取った言葉であり、直訳すれば「モノのインターネット」。既にインターネットはパソコンやスマートフォンだけではなく、車、家電、家、医療機器など様々な「物」につながっています。これらの物をインターネットでつなぐことで、物からデータを取得したり、モノそのものを遠隔操作する仕組みが次々に実用化されています。この流れは今後も加速することが確実であり、ITベンチャーとして起業する

受注型スタイル（少数精鋭企業）

一人で起業した後に同様のフリーランスなどとともに法人化したり、最初から複数人で起業するケースです。

複数人になることで、受注できる仕事の量も増えますし、得意分野を分業化することによって品質や生産性の向上を図ることもできます。また一定の人数がいることで取引先からの信頼も高まることが期待できます。

また受注型スタイルでスタートした後、自分たちの強み・創造性が確信できれば、次に紹介する開発型事業も併行する、あるいは完全に開発型に転換することもできます。

注意すべきは従業員を雇うということは、自分が経営者、つまりリーダーとしての役割を果たさなければならないということです。自分一人の場合は「赤字でも仕方ないか」で済んでいても、経営者としてはそうはいきません。

新技術開発型スタイル

新技術開発型とは自社で独自に画期的な技術を開発して、それを販売するスタイルです。一般的には「ＩＴベンチャー」などと呼ばれます。世の中にある様々なニーズに対して、ＩＴ技術を駆使して、今まで不可能だったことを可能にしたり、大幅に省力化するなどの価値を創造していきます。また、現時点でだれも気づいていないニーズを掘り起こし、新たな市場を開拓することも狙います。たとえば、インターネットの黎明期には個人間の通信手段はメールしかありませんでしたが、現在ではフェイスブックやツイッターなどありとあらゆるＳＮＳメディアが登場しています。

このような画期的な技術を開発するためには、通常はある程度の期間や優秀な人材の確保などが必要です。そのため、多くの新技術開発型スタイルの企業は「出資」という形で外部資金を調達しています。

際には、インターネットと「何」をつないで「どのような利便性を提供するか」という視点が事業構想のヒントになるでしょう。

＊外部資金の調達先

調達先は個人投資家（エンジェル）やＶＣ（ベンチャーキャピタル）であり、彼らは出資候補先の将来性を期待して資金を提供してくれます。最近ではネット上で資金を募るクラウドファンディングも盛んに行われており、自社が開発しようとしている技術の革新性・有益性をうまくアピールできれば、資金調達の可能性は高くなります。

起業実践編

7

自然の中で仕事をする起業成功法

■中高年に多い起業

▼就農やアウトドアスクール（ガイド）の起業などがある

＊農業法人に就職

将来の起業に備えて既にある農業法人に就職して修行することも考えられます。全国新規就農相談センターでは、日本全国の農業法人の就職情報をホームページ上で公開しています。

新規就農者の状況

起業にあたっては、都会の雑踏を離れて自然と向き合いながら働きたいと考えている人も多いでしょう。農林水産省が発表している「新規就農者調査」によれば、平成30年の新規就農者は5万5810人でした。年齢別にみると、20歳代以下は6360人、30歳代は6450人、40歳代は6490人、50歳代は7390人、60歳以上は2万9130人となっており、60歳以上での新規就農者が飛び抜けて多いことがわかります。これらの世代の人達の中には十分な蓄えがある人も多く、利益よりも充実感や健康を求めて田舎で農業を始める人も多いものと思われます。

インターンシップを利用する

「農業を始めたいけれども自分にできるかどうか不安」という人のために、日本農業法人協会では一定期間農業を体験できる「インターンシップ制度」を用意しており、学生だけではなく、一般・社会人の参加も広く受け入れています。

インターンシップ制度では農作業だけでなく、農場経営そのものについても学ぶことができます。またインターンシップ生として同じ農家で働いた仲間が意気投合して、一緒に事業を始めるケースもあるようです。

農業未経験者が、趣味としてではなく、ビジネスとして農業を考えることができるようになった背景には農地法の改正によって、株式会社などの法人が農地の権利を取得して農業経営を行うことができるようになった（農業法人と呼びます）ことがあげられます。

なお、農業法人の設立手続きは基本的に一般の会社と同じですが、農地を利用する農地所有適格法人（農地がなくてもできる養鶏、養豚などと区別してこのように呼ぶ）であれば、これ以外の要件を満たすことが必要です。

なお、農業法人の発展をサポートするため、ＪＡグループなどの出資により設立された「アグリビジネス投資育成株式会社」では、農業または農業に関連する事業を営む法人に対して、出資という形で資金サポートを行っています。出資には審査要件がありますが、利用を検討してみるのもよいでしょう。

様々なアウトドアスクール（ガイド）の起業もある

大自然の中で趣味のアウトドアスポーツを教えながらのんびりと暮らしたい、こんな夢を持っている人もいるでしょう。

実際に山登り、カヌー、ラフティング、トレッキングなどを教えて、収入を得ている人もたくさんいます。

定年を迎えて田舎暮らしを始めようと思っている人などで、アウトドアの経験が深く、まだまだ元気な人には魅力的に映るのではないでしょうか。

多くの場合、他に収入源があり、趣味と実益をかねて行っているようですが、一定期間経験を積んだ後に本格化し、アウトドアスクールを法人化し、本業にしている人もたくさんいます。

アウトドアスクール事業の成功のためには、その分野の知識・経験が高いことはもちろんですが、地元の観光事業者や自治体などとの連携による営業力強化や、通年営業を可能にするための多彩なメニューの充実などが課題になります。

＊アウトドア資格制度
アウトドアが盛んな北海道には、「北海道アウトドア資格制度」と呼ばれる公的な資格制度があり、アウトドアの基礎分野に関する筆記試験、専門分野に関する筆記試験・実技試験を行い、資格を認定しています。
このような資格を取得を目指すことで、開業に向けた知識や能力が高まるでしょう。また実際に資格認定を受ければ客観的な評価が高まり、営業面でもプラスになります。

起業実践編 8

■年代別起業①

20代で起業する成功法

▼若さと情熱とアイディアで勝負

攻めに徹することができるのが20代起業の最大の利点

最近ではＩＴ技術を活かした起業など、起業のハードルが下がってきていることなどから、20代で起業する人も少なくありません。

若さゆえの感性を活かした起業は今後も増えていくでしょう。

20代の起業では経験も知識も資金も不足しているのが普通です。この欠点を情熱と体力で乗り切っていくのが、基本的なスタンスになります。

そしてこの年代の起業の最大の利点は、失敗しても何度でもやり直しが利くことです。ゼロからのスタートですから失うものは何もありません。力一杯頑張ってだめならまたチャレンジすればいいと割り切ることができます。また独り身であれば失敗しても家族に迷惑をかけるということもありません。

ある程度年齢を重ねた後の起業では、こうはすっきりと割り切ることはできません。経験や知識などは蓄積されていても、同時に様々な制約条件を抱えていることが普通です。失敗することが許されにくくなるため、起業をためらったり、起業しても「攻め」よりも、「守り」を重視せざるを得ないケースも出てくるわけです。

徹底して攻め続けられる、そして失敗しても敗者復活しやすい、これが20代起業の最大の利点です。

※20代の働き方

私は20代での働き方、特に仕事のイロハとおもしろさが分かり始めた20代後半の働き方が、その人のビジネスマン人生を大きく左右すると思います。

この年代はその人にとって「働く」ということの価値基準が形成される時期でもあります。

その時期に本当に自分のやりたいことを見極めて真剣に仕事をした人と、何となくダラダラと過ごした人とでは、その後の成長に大きな差が生じます。そしてそれを後から取り

礼儀を尽くして理解者を得る

若くして起業して成功を掴んでいる人の共通点は、自分のビジネスの師匠、人生の師匠を数多くもっていることです。そして師匠を得るために礼儀や謙虚さなどを非常に大切にしています。

彼らは、自分がいくら情熱と才能に溢れていたとしても、社会人として、そして経営者としては未熟であることを自覚しています。余計な敵を作るよりも、礼儀を尽くして周囲からいろいろ学ばせてもらう方が得策とわかっているのです。

20代起業者にとって取引先の社長などはほとんどが自分よりも年上です。当然最初は相手もナメてくるでしょう。しかしそこで余計なケンカをせず、礼儀を尽くすことで、単なるビジネス上の取引相手としてではなく、経営そのものを教えてくれる先生や精神的に参ったときに頼れるメンターのような存在に変えることができるのです。

「自分に足りないものは外部の力を借りる」、これはどの年代の起業にも共通して言える原則ですが、足りないものだらけの20代の起業では特に有効になるでしょう。

人脈作りも大切に

自分の師匠を得るというコアな人間関係も大切ですが、もっと広く人脈を開拓していくことも重要です。

起業すると目先の仕事が常に手一杯で、人脈も限られた少数の取引先だけになりがちになります。しかしこれでは新しい事業のアイディアや協力先を得ることはできません。

起業したビジネスをそのままの形で何十年もやり続けるということはまずありません。既存ビジネスをブラッシュアップしたり、新規ビジネスを展開していくためにも起業後の人脈作りは非常に大切です。

戻すのは非常に困難です。

20代で起業しようと考えているような人であれば、このような心配は不要だと思いますが、起業する前に自分にとって働くということの意味をもう一度確認してみることも必要だと思います。

起業実践編 9

■年代別起業②

30〜40代で起業する成功法

▼起業者としての価値は、最初はゼロであることを受け入れる

このままサラリーマンを続けるか起業するか

日本政策金融公庫の２０１９年度の「新規開業実態調査」によれば、30代で起業した人の割合が33・４％、40代で起業した人が36・０％とあわせて69・４％を占めました。同調査の29歳以下で起業した人の割合が４・９％であることを考えると、30代〜40代は正に起業適齢期と言えるでしょう。

この年代の人は社会人としての経験、専門分野での知識、マネジメントの経験など起業に有利な条件を持ち、かつ体力も十分であるという特徴があります。しかし同時に会社の中でのポストもあがり、守るべき家族も増えていくという制約条件も抱えています。20代の起業と違って、その決断は「失うものがある」ことを前提に行う必要があります。

私は、起業とはできる、できないの問題ではなく、するか、しないか、あるいはしたいか、したくないかだけの問題だと考えます。このことは特に30代〜40代の人にあてはまると思います。起業するメリット・デメリットをいくら考えても、先のことはわからないわけですから、正確で合理的な結論など出るはずはありません。起業したい自分とそれに踏み切れない自分の葛藤の中で疲れ果ててしまいます。

起業の判断を、得られるお金などの物理的な判断から、自分の生き方の充足感などの判断に変える以外ありません。私はこの年代の人から起業に関する相談を受ける際、どうし

※10年後の自分がイメージできるか

30〜40代の人が起業するかどうかを判断する際には、10年後に自分が生き生きと働いているイメージが持てるかどうかを考えることも大切だと思います。

たとえば10年後の自分を投影できるような上司を思い浮かべ、自分が本当にそうなれたら楽しいと思えるかどうかを想像してみます。同時に自分が起業して、事業が軌道に乗った10年後の姿も思い浮かべてみます。

会社に残るべきか、起業すべきかどうかの

ても決められないという人には、起業するタイミングかどうかの客観的な判断基準をあらかじめ作っておき、その条件に合致したらとにかく決断するように勧めています。もちろん起業して何をしたいかなど起業にあたっての基本が固まっていることが前提で、そのうえであえて外的条件に判断を任せるのです。

その基準は「起業にあたっての有力な協力者が現れる」といったプラスの基準でも良いし、「40歳になっても課長になっていない」といったマイナスの基準でも構いません。要は自分の精神状態に最も影響を与えると思われる条件を設定しておけばいいのです。

サラリーマンとしての価値、起業者としての価値

起業について相談してくる人の中には、生活のレベルを落としたくないという気持ちから、「サラリーマン時代並の年収は確保したい」という人が多くいます。

しかしほとんどの場合、起業したての時期にサラリーマン時代並の収入を得ることは不可能です。

そもそもサラリーマンとして長い年月をかけてその価値を高めた結果が現在の年収なのですから、サラリーマンを辞めた以上、その価値がいったんゼロになるのは当然です。起業者としての価値はスタート当初はゼロなのです。つまり前述のようにサラリーマン時代と比較すること自体が間違っているわけです。起業者としての尺度で自分の価値をゼロから高めていかなければなりません。

この考え方は起業する人にとって必須であると思います。「サラリーマン時代並の年収は確保したい」という人もこのように割り切ったうえで、起業者としての価値を高め、それを目指すべきだと思います。

逆に言うと「サラリーマン時代並の年収」からどうしても逃れられない人は起業はやめて、サラリーマンとしての価値を高めることに専念する方が無難です。

合理的な判断は不可能です。しかしそれぞれの場合に成功した10年後の姿を思い描き、どちらが自分にとって楽しそうか、豊かな仕事人生と思えるかを感覚的に捉えることはできるでしょう。

30～40代という「失うものがある」プレッシャーの中で起業した人の多くは、この感覚を頼りに決断しているのです。

起業実践編 10

■年代別起業③

定年前後からの起業成功法

▼キャリアを活かし、小さくても好きなことをする

サラリーマン卒業後に待っているもの

「団塊の世代」と呼ばれる人達は既に定年に達し、高度成長期時代を支えた企業戦士達がサラリーマンを「卒業」しています。

卒業者の顔ぶれを見ると、ほとんどの人は「高齢者」というマイナスイメージからかけ離れた存在です。人生100年代時代、まだ何十年も人生が残っています。サラリーマンは卒業しても人生の卒業はまだ遠い先の話なのです。

「老後」なんて言っている場合ではありません。

定年起業で「それなりの収入」と「大きな精神的充足」を獲得する

定年起業を検討されている人の多くは、「大儲け」は目的としていないと思います。もちろん予想以上に事業がうまくいって結果として多くの収入につながれば結構なことですが、そのためには相応のリスクを背負った投資も行っていかなければなりません。

ここで取り上げる定年起業も大儲けを目的としたものではありません。「それなりの収入を獲得すること」と「いつまでも若々しく自分に自信を持ち続けること」、これこそが定年起業で大切なことだと思います。収入は経済的に豊かな生活を送るために、貯蓄や年金の不足分を補填できる水準で十分でしょう。

＊シニア起業の特徴

日本政策金融公庫が発表した「2015年度新規開業実態調査（特別調査）」（本調査では開業時年齢が55歳以上をシニア起業と定義）によれば、シニア起業家の開業業種をみると、サービス業（20・0%）が最も多く、次いで「医療・福祉」（16・8%）、小売業（11・6%）、卸売業（10・8%）、「飲食店・宿泊業」（10・5%）の順になっています。

また、起業動機を見ると、「仕事の経験・知識や資格を生かしたかった」（45・7%）が最も多く、次いで

しかし生き甲斐や自信、若々しさといった精神的な部分は、「それなり」ではなく「大きな」満足が得られるような起業こそが定年起業の理想だと思います。「○○産業営業部の鈴木」という大会社の看板を捨てて、小さくても「鈴木産業の社長の鈴木」としての新たな自分流ブランドを作り上げていくことで、「自分って何?」という心許なさを払拭することができます。

強みを活かし弱みを克服する

成功している人達に共通しているのは、「定年起業であるがゆえの強みを活かし、弱みを克服していること」です。

強みとは言うまでもなく、「経験」、「知識」、「人脈」といった、これまで長年培ってきた財産です。仕事面で蓄積してきた財産はもちろん、趣味や地域活動などプライベート面での蓄積も活かせます。成功者はこれらをフル活用して、最も大切な「誰に対して何を売るか」という部分を明確にしてから起業しています。

逆に弱みとしてあげられるのが「フットワークの軽さ」、「新しいものへのチャレンジ精神・好奇心」が若年層に比べて不足している傾向があることです。特に大企業でかなりの役職まで勤めた人などにとって、細々とした雑務や営業で頭を下げて回るのは最初は苦痛かもしれません。また起業者にとってパソコンの基礎知識を習得することは不可欠と言えますが、これらも起業前にクリアしておかねばなりません。さらに起業後も自分の事業分野だけではなく、世の中全体で「今何が流行っているか」というアンテナも磨いておかねばなりません。

これらの強み・弱みについて自分がどの程度あてはまるのか、強みを伸ばし、弱みを克服していくためにどのようにしていくかについては、明確にしておく必要があるでしょう。

「収入を増やしたかった」(40・9%)、「社会の役に立つ仕事がしたかった」(38・0%)、「自由に仕事がしたかった」(36・1%)の順になっています。

＊定年起業成功術①
定年起業は定年前から始まる

定年起業とはあくまで定年という人生の節目を意識して起業することであり、必ずしも会社の定年を待ってからスタートということではありません。55歳でも50歳でも、自分の定年後の生き方の一つとして起業を思い立ったなら、その日から準備に取りかかるべきです。十分な準備期間を計画的に使うことで成功の確率も高まります。そして定年前に準備が整ったのならば、前倒しで起業すればいいのです。

準備はいつからするか

定年起業の準備はできるだけ早い段階から行っておくことが望まれます。まずはこれまで蓄積してきた自分の財産について棚卸しをしてみましょう。それらの財産を種類毎に書き出して整理し、それが起業した後にどのように活用できるか、対応表を作っていくことが有効だと思います。それまでの財産だけでは不十分な点もあると思いますので、その部分は退職までの数年間を起業準備期間と捉えて補っていきます。たとえば52歳の人が55歳で早期退職して起業すると決めた場合、残りの3年間で、自分にその対応表の空白部分が埋まるように活動していくわけです。

また同時にその期間にできるだけ経営者感覚を身に付けることも大事です。そのためには「全ては自分が当事者」という感覚で、重要な決定事項から部下に任せっぱなしだったような庶務にまで関心を持つようにします。これだけでも起業者としてスタートを切る際に随分と役に立つはずです。

いきなり一発勝負をしないこと

定年起業では多くの場合、ある程度まとまった資金がありますから、退職金の大半をつぎ込んで勝負に出るといったケースも見受けられます。しかし多額の資金を投じることでハイリスク・ハイリターンになることはあっても、資金の投下額に応じて成功確率があがるということはありません。

また若年起業者と違って、定年起業者が大きな失敗をした場合、それを乗り越えることは容易ではありません。まずはたとえ失敗しても生活に支障をきたさない範囲で始めるべきでしょう。

なお、世の中には起業支援と称していわゆる「うまい話」を持ちかけてくる輩がいます。彼らの主なターゲットはまとまった起業資金を持っているシニア層です。このような輩に

＊定年起業成功術②
自分自身にキャッチコピーをつける

起業するにあたっては自分自身を売り込んでいかなければなりません。そのためには、「30年間○○産業に勤めてきました」という「これまでの自分」だけではなく、起業で再スタートする「これからの自分」を表現する必要があります。まずは自分自身の強みや信条を短い言葉でキャッチコピーにしてみましょう。初対面の人に自分を印象づける糸口を作るのです。

騙されて、退職金を全額失ったというケースも少なくありません。

もちろんそれらの被害にあった人には同情の念を禁じ得ませんが、あえて厳しい言い方をすると、起業の際に正しいビジネスモデルを選べなかったがための失敗とも捉えられます。起業してからは全てが自己責任が原則です。そしてその原則は起業のスタート段階から始まっているのです。

「小さく始めること」＝「適当でいい」と言うことではない

起業は少額で始めるべきですが、これは適当でいいということではありません。起業して「自分の力」、「自分の看板」だけでお金を稼ぐというのは大変なことです。それがたとえ１００円であったとしても、不要な物には世の中の人はお金を払いません。ましてや様々な経費を吸収して利益が出るだけの十分な売上を上げることは容易ではありません。初期投資の大きさに関係なく、起業には緻密な計算が不可欠です。

たとえば自分の趣味を活かして起業する人はたくさんいます。そこで金額はわずかでも利益を確保できている人は起業家として成功と言えますが、中には「趣味を活かして起業すること自体が趣味」という人もいます。たとえば毎月赤字は出続けるが自分の趣味の骨董屋を続けること自体が楽しいので、少額であれば赤字は仕方ないというケースです。実際にはこのようなスタンスで「商売」をやっている人はたくさんいます。もちろんそれで満足感が得られて、かつ赤字が経済的にも許容範囲である場合には何の問題もないし、むしろそのようなゆとりのある人は羨ましくさえあります。

ただし言うまでもなく「趣味を活かして起業すること」と「起業を趣味として楽しむ」ことは決定的に違います。少なくとも前者の場合には様々な起業のための努力が必要になるのです。

＊定年起業成功術③

「客を楽しませること」で「自分も楽しむ」

起業するからには自分がやりたい仕事をしたいと考えるのは当然です。しかし趣味ではなく事業として始めるためには「自分」ではなく「客」を楽しませることに主眼を置かねばなりません。さらに「こうすれば客は喜んでくれるだろう」という思いこみではなく、「どうすれば客は喜んでくれるだろうか」という客側からの発想も不可欠です。

起業実践編 11

■既にあるノウハウを買う

フランチャイズ加盟による起業成功法

▼どのフランチャイズに加盟するかが問題

ビジネスモデルを買って起業する

サラリーマンの独立の代表的手段としてフランチャイズ（以下ＦＣ）への加盟があります。加盟者は本部が作ったビジネスモデルを使わせて貰う対価として加盟金や経営指導料を支払います。加盟者にとっては全く知らない業界であってもすぐに経営ノウハウが学べたり、開業後も様々な経営指導を受けることができるというメリットがあります。

ＦＣに加盟して成功している人もたくさんいますが、逆に短期間で撤退せざるを得ない状況に追い込まれている人もいます。

ビジネスモデルや経営指導が不十分だったなど本部側に責任がある場合もあれば、本部任せで経営努力を怠ったなど加盟店側に問題がある場合もあります。

ＦＣ起業で成功するポイント

最も大切なことは、ＦＣ起業といえどもお店を経営するのはあくまで加盟者であり、自己責任の原則の下、十分な経営者感覚を持つことです。その上で、以下のような点には特に留意すべきです。

① できるだけ良い本部を選ぶ

日本の代表的なＦＣ本部が加盟する日本フランチャイズチェーン協会という団体があります。ここに加盟しているかどうかはひとつの判断材料になると思います。また同協会のＨＰでは各チェーンは契約内容を公開してお

※フランチャイズとは

フランチャイズは、本部が自己の商号や商標、自己が開発した商品や営業上のノウハウなど（フランチャイズパッケージ）を加盟店に提供し、加盟店がこの対価としてロイヤリティを支払うというものです。

なお、似たような形態に代理店がありますが、代理店は法律上は代理商のことで、独立の商人として、特定の商人のために取引の代理または媒介をする営業補助者のことです。

り、比較検討ができます。

実際の面談ではビジネスモデルの強みだけでなく、加盟店の撤退状況など本部にとってマイナスに思えることも聞いてみましょう。良い本部ではきちんと説明してくれます。

また、必要以上に契約締結を急がせる本部については、相手のペースに乗らずに、理由をはっきりと聞きましょう。その理由に納得できなければその本部は避けた方が賢明です。

②　加盟している店のオーナーから話を聞く

良いＦＣとは、本部が儲かるＦＣではなく、加盟店が儲かるＦＣです。複数の既存店のオーナーからお店の経営状況や本部の指導内容などを詳しく聞いてみましょう

③　売上シミュレーションを鵜呑みにしない

本部は新規加盟店が開業したらこれくらい儲かるだろうというシミュレーションを提示してくれます。その数字がどのような根拠に拠るものなのかきちんと説明を受けましょう。

他店のオーナーから話を聞いておけば数字の妥当性がある程度わかります

④　契約書はきちんと読む

いったん契約してしまえば、後戻りはできません。契約書は多岐に渡りますが必ず全文に目を通して納得してから契約しましょう。その際に加盟金、保証金、更新料、経営指導料といった基本的な数字だけではなく、広告協力金や脱退時の違約金など、お金に関するものは特に慎重にチェックしましょう。

また近隣に新たな加盟店が出店して競合するのを防ぐためにテリトリー制についても必ず確認しましょう。

⑤　好きな分野で、小資本で済む本部を選ぶ

ＦＣ起業といってもあくまで企業経営であり、創業時の苦労は付きものです。儲かりそうだからというだけで、自分が全く興味のない分野を選ぶと、苦労を何倍にも感じます。また、初期投資が数千万円もかかるようなＦＣはできれば避けましょう。もし失敗すると取り返しがつかなくなります。そのようなＦＣは、主に十分な体力がある法人に向いており、個人の起業ではリスクが大き過ぎます。

＊フランチャイズと自己責任

フランチャイズでの起業といっても経営者はあくまで自分自身です。業績低迷時には本部から改善指導を受けることはできますが、最終的な責任は経営者自身にあります。そしてこの自己責任の原則は、加盟する本部を選ぶ段階から始まっています。

くれぐれも本部の営業担当者の言葉を鵜呑みにするようなことは避け、自分自身が十分に理解し、納得した上で契約するようにしましょう。

起業実践編 12

■仲間（パートナー）と起業

共同経営による起業成功法

▼共同経営では役割と意思の疎通が必要

自立できた仲間が集まるのが共同経営

仲間とともに共同経営で起業しようと考えている人も多いでしょう。しかし一般的に共同経営は意見の食い違いなどのデメリットの方が大きく、最終的には失敗することが多いと言われます。どうすれば共同経営で成功することができるのでしょうか。

そのためには、できるだけ高いレベルで自立ができている人と始めることが最も大切だと思います。ここでいう自立とは、「小規模でも自分一人だけの力で事業をやっていける」という、正に起業成功の核となる能力のことです。自分一人でも何とかできるが、複数で組んでやることによって相乗効果を生みだせるような共同経営者を見出すのです。

逆に最悪なのが、自分自身も含めて共同経営者の中に誰も自立できている人がいない起業です。

自分一人で稼げない人が何人集まっても、会社として事業を継続していくことはできません。「自分一人では何もできないが、3人で協力すれば何とかなる」、こんな人頼みの共同経営が一番危ないのです。

自立度合いに応じた序列付けや役割分担が必要

また、自立の度合いに応じて最初から権限や立場の違いをはっきりさせておくことも大切です。共同経営ではそれぞれの能力に応じた役割分担というのは比較的明確に行われる

※仲間選びのコツ

本文で紹介しているように共同経営の仲間選びはまず「自立した人」を選ぶことが大原則です。そのうえで、できるだけ違うタイプの人を選ぶことも大切です。

たとえば「新しいビジネスを推進する」という「攻め」が得意な人もいれば、「決められた目標を絶対に死守する」という「守り」が得意な人もいます。異なったタイプの人が集まることで、バランスの取れた経営が可能になるのです。

のですが、上下関係につながるような役職などはお互いが遠慮してできるだけ差がないようにしてしまいがちです。

共同経営とは企業を運営していくことです。企業であれば権限や役職に序列があるのは当然で、その方が仕事はスムーズに進みます。仲間うちで始めるのだからできるだけ平等でいきたいという考え方は、経営では通用しません。

また十分に自立できていないメンバーが、出資金の比率などの関係でトップに立つようなことが起これば、その共同経営は間違いなく失敗するはずです。

共同経営のメリット・デメリット

最後に共同経営のメリット・デメリットについて整理しておきましょう。

あなたが共同経営による起業を検討しているのであれば、下記のメリットが十分に活かされるか、デメリットを回避できるかについてもう一度考えてみましょう。

（メリット）

・自分にはないノウハウや人脈が期待できる
・相乗効果を期待できる
・準備資金などが一人でやるときよりも集まりやすい

（デメリット）

・会社の方向性など根幹部分で意見の食い違いが生じる可能性がある
・権限や上下関係などで不満が発生しやすい
・金銭面でのトラブルが発生しやすい

また、会社等の設立において、出資金の割合をどうするか、誰が代表取締役になるかなど明確にしなければならない問題もあります。

起業実践編 13

うまくいかないときの引き際も事前に決めておく

■計画通りにいかない4つの理由
▼黒字でも廃業している人もいる

赤字か黒字かではなく、計画と実績の差を見る

まず「うまくいかない」というのは単に収益が上がらないこととはちょっと違います。正確に言うと「計画どおりに収益があがらない」ということです。つまり開業後数か月間の赤字は「計画の範囲内」なら全く構いませんし、逆に季節的に最も収益があがる時期なのに、少ししか収益が出ていないとしたら、たとえ黒字でも大問題なのです。

このように企業経営の成否はすべて計画と実績が一致しているかどうかで判断します。もちろんここでいう計画は長期的に企業が継続できるものであることが前提です。いつまでも赤字では経営そのものが成り立ちません。

計画どおりにいかない理由を分析する

改めて経営がうまくいかない理由を考えてみると、以下の4つの点に集約されます。これらが複合的に絡んでいることもあります。

①　そもそも計画が無謀だった
②　計画は適切だったが、やり方を間違った
③　途中で突発的なことが起こり、その対応に追われた
④　計画を作った当初は適切だったが、強力なライバル会社が現れるなど環境が大きく変わった

計画どおりにいかない場合、まずこの4つのどれに該当するかを考えてみます。最初はよくわからないかもしれませんが、何か月か

＊会社と倒産
法律用語に「倒産」というものはなく、一般的には6か月の間に2度の不渡り手形を出し、銀行取引停止処分となる場合をいいます。

法律上、倒産に近い用語は、破産であり、会社が破産になれば、会社の残余財産は競売により換金されて債権者に配当されます。

なお、会社が支払不能に陥ったときなどの再建策として任意整理、特定調停、民事再生、会社更生（大会社）などの法的手段があります。

続けているうちに、何となく理由がみえてくるものです。この結果、②、③の理由が大きければ、様々な工夫により、業績を改善できる可能性があります。しかし、①、④の理由が大きく、計画を下げざるを得なくなった場合は深刻です。

下方修正した計画でも会社存続の目処が立てばいいのですが、そうでない場合は、そもそも自分で考えた儲かる仕組みが間違っていることになるからです。

黒字でも廃業している人がたくさんいる

また、黒字基調を維持しながらも廃業を決意する人もたくさんいます。目先の収益はあがっているものの、このままでは将来的には経営危機に陥ると判断しての決断です。たとえば一時的なブームに乗って起業し、一定の成功は収めたものの、市場の先細りは目に見えている場合などは黒字廃業が妥当なこともあります。いったん廃業して、再度の起業に向けて知識や技術習得のための充電期間を十分にとることも有効でしょう。

何もかも失う前に2度目にかける

事業がうまくいかない月が続いた場合、その原因が単に事業のやり方に問題があっただけなのか、ビジネスモデルそのものが間違っているのかを検討し、後者だと判断せざるを得ない場合は、引き際を真剣に考える時なのかもしれません。

またもっとシンプルに「資本金がなくなったら」とか「負債が５００万円を超えたら」といった自分の資金力に見合った具体的なデッドラインを設定しておくことも大切です。

一度廃業したとしても、何度でも起業のチャンスはあるし、その成功確率は上がっていくものです。くれぐれも最初の起業で再起不能の痛手を負うことは避けなければいけません。

◆起業再挑戦で成功する人も多い

2度目の起業で成功する人もいる

起業では、成功のために万全を期したいものです。しかし、独立開業してどうしてもうまくいかない場合には、どこで見切りを付けるかは重要な問題です。

後になって、「もう少しがんばれば軌道に乗ったのに」と思うこともあれば、「あの時潔く諦めていればこれほどの深手を負わずに済んだのに」と思うこともあるでしょう。踏ん張るか諦めるかはその時の状況次第という他ありません。

しかしひとつだけ言えるのは、「もう少しやるべきだった」という後悔は、2度目の起業でそれをバネにできるかもしれませんが、「致命的な深手」を負ってしまったという後悔は、再起を期すことさえできなくなるということです。特に中高年の場合には、やり直しがきかない場合がありますので注意が必要です。

起業の際に撤退のラインは定めておく

最初の起業では誰もが新米経営者ですから、いかに緻密な事業計画を作ったとしても、計画どおりに事が運ばないことの方が多いでしょう。

実際に最初の起業よりも、2度目の起業の方が成功の確率が高いというデータもあります。

本書ではもともと全財産を賭けるような大規模投資の起業は推奨していませんが、少額投資であっても、何年も赤字が続くような状態になると、結果として財産を食いつぶしてしまうこともあり得ます。

「できるだけ少額投資で行い、うまくいかない場合でも、再起不能ラインは決して越えない」、これが最初の起業の鉄則だと思います。

再チャレンジ支援融資制度

日本政策金融公庫には、廃業歴のある人で創業に再チャレンジする人のための再挑戦支援資金（再チャレンジ支援融資）制度があります。廃業歴があり、廃業時の負債が新たな事業に影響を与えない程度に整理される見込みがある人が対象で、融資限度額は7200万円以内となっています。

●第4章／会社（法人）設立編

さあ、会社（株式会社・合同会社・ＮＰＯ法人など）を設立しよう

◈本章の項目

目的にあった形態を選択しよう／設立手続きは自分でしよう／株式会社と設立手続き／合同会社と設立手続き／有限責任事業組合と設立手続き／ＮＰＯ法人と設立手続き／一般社団法人・一般財団法人と設立手続き

会社（法人）設立編
1

■会社（法人）形態の選択

目的にあった形態を選択しよう

▼起業の形態には個人事業主、株式会社、合同会社、NPO法人などがある

法人とは何か

そもそも法人とは何を指しているのでしょうか。株式会社、ＮＰＯ法人などの言葉を知っていたり、会社をはじめるなら法人と個人のどちらが得かなどの話しは聞いたことがあったりしても、そもそも法人、会社、株式会社などの言葉の定義がよくわからない人もいるかもしれません。

法人とは、法律の規定で1人の人格と同じような権利や義務を認められた組織の存在のことです。「法」によって「人」と同じような資格を認められているので「法律上の人格＝法人」と呼ばれます。法人そのものが一つの法的人格として扱われるので、たとえ会社のメンバーが10人でも、１００人でも、全員あわせて一つの法的な人格として扱われます。

一方、個人で事業を行う（正確には「個人事業主」といいます）場合は、現在も将来も個人として活動することを前提としているので、法律に認められることなく1人の人格としてビジネスを行います。

目的に合わせて形態を選ぶ

事業の形態には、株式会社だけでなく、多くの種類があります。次ページに体系をまとめていますが大きく分けて営利法人・非営利法人・中間法人と、法人ではないが組織で活動をする非法人、そして個人に分類できます。営利を目的とした営利法人としては、会社法

＊新会社法
新会社法が施行される前は、「会社法」という法律はなく、会社に関する法律は、商法、有限会社法などに別々に規定されていました。これが２００６年に「会社法」として一本化され、法制度の内容も根本的に見直されました。

で規定されるさまざまな会社があります。たとえば、株式会社・合同会社・合資会社・合名会社などです。

形態に応じて、根拠となる法律や設立の基準、届出の有無などが変わります。事業をはじめるには、自分の事業の目的に最も適した形態を選びます。

また体系図以外にも各士業の法人（税理士法人など）や日本郵便株式会社などの公法人（地方公共団体、独立行政法人、公庫など）もあります。

本章では、個人事業主として事業をはじめる場合と、様々な形態のうち、特に設立件数の多い株式会社、合同会社（ＬＬＣ）、有限責任事業組合（ＬＬＰ）、一般社団法人・一般財団法人、ＮＰＯ法人、の５法人の特徴と設立手続きについて説明します。

なお、「小さな会社をはじめるならまずは有限会社から」という話しを聞いたことがある方もいるかもしれません。有限会社は２００６年５月の新会社法施行に伴い、有限会社

◆組織形態にも様々な種類がある

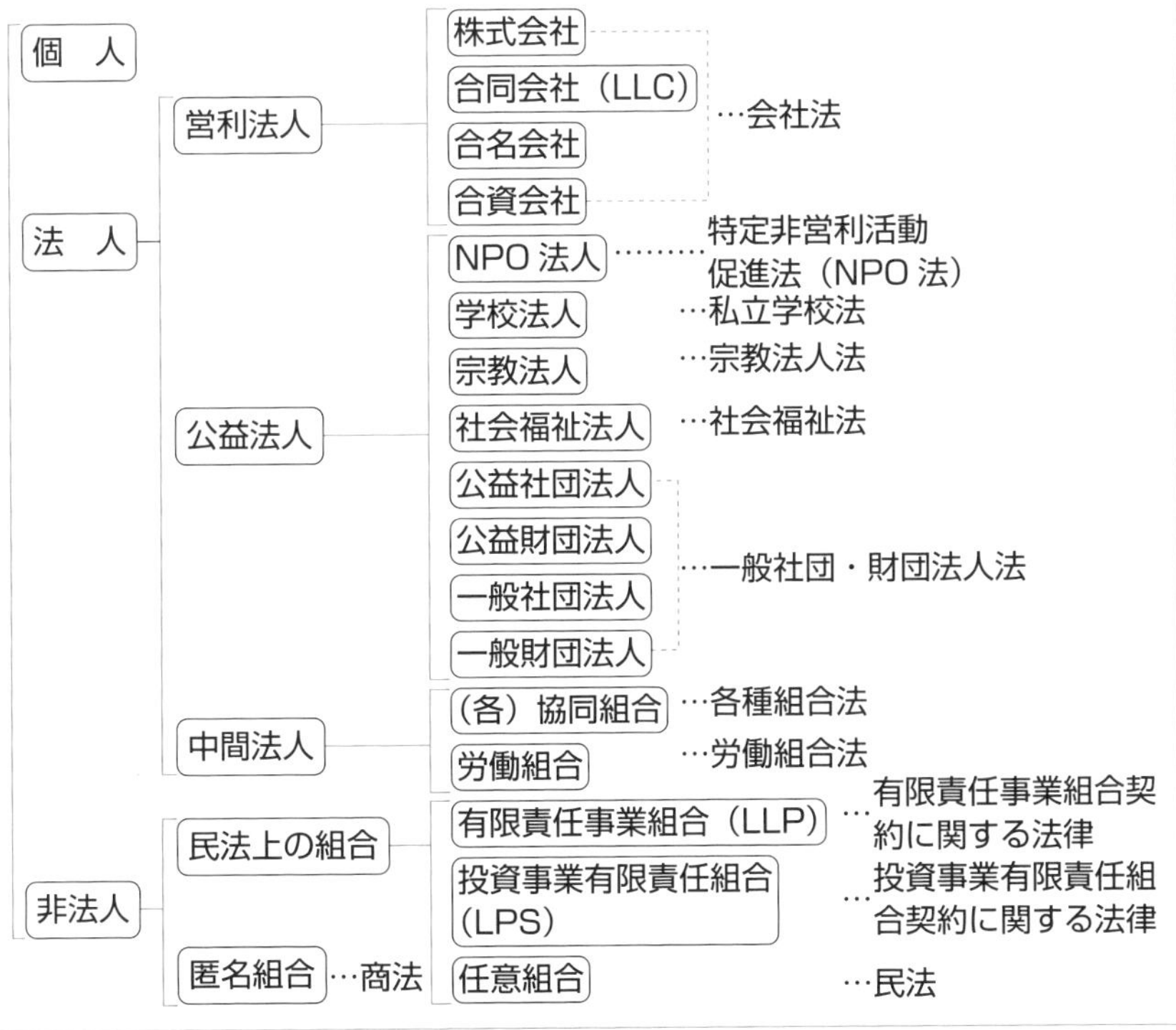

法が廃止され、現在は新たに有限会社を設立することは出来なくなりました。

ただし今もなお、株式会社へ名称変更せず、有限会社として名乗ったまま存続している会社も多くあります。

手軽さ重視なら「個人事業主」、信用重視なら「法人」でスタート

起業の形態を考えるとき、まず考えるのは個人事業主としてスタートするか、株式会社などの法人を設立してスタートするかということです。

個人事業主は、税務署に開業届さえ出せば、事業主となります。ただし従業員を雇う場合には、法人と同じ手続きが必要です。法人に比べて簡単に始められるというメリットがあります。

これに対し法人は法務局での設立登記など一定の手続きにより法人格を得て、事業を行うものです。設立後も様々な届出等が必要になります。また手続きを全て自分で行ったとしても、定款認証や登記などの申請に一定の費用がかかります。

しかしそれらの手間や費用と引き替えに、法人は個人に比べて次のような様々なメリットを持っています。

法人で始めることのメリット

① 社会的信用力が高い

法的な手続きを経て設立され、毎年決算書で業績を明らかにするので、個人事業主に比べて社会的信用力が高い。つまり銀行や見込み客からの信頼が得られ、資金調達や取引開始が容易になる。また人を採用する際などにも良い人材が集まりやすい。

② 有限責任で済む

個人事業主の場合、借入金や未払い金といった負債はたとえ事業に失敗したとしても全責任を事業主が負うことになる。これに対し法人（合名・合資除く）では、個人的に保証人になっていない限り、その出資額を上限とし

た有限責任で済む。

③　法人税の方が税率が低い

個人の場合は、赤字のときは課税されない。また所得税は所得が多くなればなるほど税率が高くなる。法人の場合は赤字でも納税しなければならないが、売上が高くなるにつれて所得税よりも税率は低くなる。一般には８００万円を超えると法人の方が税金が安くなる。

④　出資者を募ることができる

個人事業主はその個人の資金や借金ではじめることになるが、法人にすれば他からの出資金を募ることができる。共同経営に向いている。

⑤　経営者としてのノウハウを早期に習得しやすい

法人経営者は個人事業主にくらべて設立段階でも手続きが煩雑であり、設立後の経理などの運営もより厳格に行わなければならない。しかしこれは見方を変えると、無理矢理にでも経営に関する実務を覚えなければならないことを意味し、個人事業主に比べ早期に経営者として経理・財務・法務などのノウハウを習得できると言える。

個人事業主で始めることのメリット

個人事業とは、法人等の組織を設立せず、個人でビジネスをはじめる場合を総称しています。フリーランスや自営業といった呼び方もありますが、いずれも個人事業主です。個人ではじめる場合は、何よりも小資本で事業を手軽にはじめることができるのが魅力です。

設立の手続きも法人と比べて簡単です。ただし設立登記はしないので、名刺に「株式会社」「合同会社」などの組織形態や代表取締役社長という会社法上の規定に関わる表記をすることはできません。名刺をつくる場合は、氏名だけ、もしくは屋号や「代表」といった会社法に規定のない表記を記して活動します。

納税の方法については、確定申告になります。決算業務が必要ないので、経理業務も自分で行う人も多いです。

フリーランスのような個人で行う仕事や取引先が自分の顔見知りで新規の営業も紹介ばかりといった状況であれば、既に個人としての信頼を得ていますから、まずは個人で事業をはじめて、軌道に乗ってから会社を設立するという方法もあります。これを「法人成り」と言います。

その他、経費の扱いや給与の所得控除など、どちらの形態の方が得かについては、状況により様々です。各条件を比較の上で決定しましょう。

◈個人と株式会社の違い

	個人事業	株式会社
資本金	資本金は必要ない	1円から可能
登記手続き	特になし	銀行へ出資金を払い込んだ後、法務局で登記申請する。費用は約 25 万円〜
責任範囲	事業を廃止しても無制限に負う	出資の範囲内で責任を負う。ただし個人保証をする場合は、無制限に負うことになる
会計処理	自ら管理する人も多い	複式簿記による記載が必要であり、簿記の知識が必要。専門知識が無い場合は税理士へ
費用計上が可能な範囲	事業に必要なものなら概ね可能	左記の他、家族従業員の給与、退職金、生命保険上限なし。社宅としての住居家賃、日当も可能
交際費	原則的にすべての交際費は損金になる	交際費は一定額（800 万円）を超えると費用として認められない
給与	青色申告を受けた場合で 55 万円〜65 万円まで収入から控除	役員報酬は自由に決められる（年に1度）。別途所得税などの支払がある
社会保険	国民健康保険に加入できる。額は家族・地域により変わるが所得の10%前後	社長1人でも社会保険に入らなければならない。会社負担分と本人負担分をあわせて 30%前後
納税	確定申告。自ら行う人も多い	決算書を作成し、税務申告を行う

◈合同会社・有限責任事業組合・ＮＰＯ法人の違い

	合同会社（ＬＬＣ）	有限責任事業組合（ＬＬＰ）	NPO 法人
資本金	出資者全員が１円以上	組合員全員が１円以上	資本金は必要ない
設立手続き	銀行へ出資金を払い込んだ後、法務局で登記申請をする	組合契約を作成した後、出資払込を経て登記を行う	活動分野、活動目的、事業内容、資金計画、運営方法などを決め、準備会を発足し、所轄庁へ認証の申請を行う。その後、登記申請を行う
責任範囲	「株式会社」と同じ	出資範囲内で責任を負う	出資の考えがないので、責任範囲もないが、融資を受ける際に個人保証をする場合は無制限となる
会計処理	「株式会社」と同じ	複式簿記による記載が必要であり、簿記の知識が必要。専門知識が無い場合は税理士へ	複式簿記以外の単式簿記でも良い
税金	「株式会社」と同じ	構成員課税が適用される	事業所得に対してのみ法人税が適用される。会費収入・寄付金などは課税されない
税金の計算方式	「株式会社」と同じ	LLP に対する課税はなく、個々の出資者ごとに出資比率に応じて課税される	事業所得に対してのみ株式会社と同じく課税される
交際費	「株式会社」と同じ	「株式会社」と同じ	NPO 法人税務として、別途定められた基準により決められている。全額損金にならない場合もある
給与	「株式会社」と同じ	組合員は報酬を得ることができない。雇用した従業員に支払う給与は全額損金となる	「株式会社」と同じ。ただし報酬を受け取れる役員は役員総数の３分の１までに限定されている。なお職員として業務に従事している場合は、職員給与を別途受け取ることができる
納税	「株式会社」と同じ	LLP に対する課税はない	都道府県民税と市町村民税がある。また上記法人税割の他に、均等割の税金もあるが、自治体によって異なる

会社(法人)設立編 2

■会社（法人）設立の手続き

設立手続きは自分でしょう

▼自分ですればその後の経営にも役に立つ

自分で手続きを行う意義

会社の設立手続きには法令に定められた手順や書類の要件などがあります。一見すると大変そうですが、時間をかければ自分自身で十分対応が可能です。

司法書士や行政書士に代行してもらう方法もありますが、当然ながら費用がかかります。このような省ける費用は極力カットしたいものです。

また自分自身で手続きを進めることによって、会社を持つ実感がわいてきます。自分で苦労して書類を揃えて登記が完了したときには、新しい会社への愛着もひとしおになるでしょう。

さらに手続きを進める中で本格的な事業スタート前に様々なことが学べるというメリットもあります。

たとえば会社設立の際には必ず定款を作成しますが、これを作り込むためには会社設立時だけではなく、将来像も描きながら様々なことを検討する必要があります。経営の予習に役立つことは確実です。

また普通に会社員として働いていた人であれば、ほとんどの人は法務局（登記所）などには行ったことがないでしょう。しかしこれから会社を起こして自分でビジネスを行う際には会社登記の際だけではなく、新しい取引先候補の氏素性を調べるために、法務局へいく必要が出てくることもあります。また来るべき決算のために、税務署への届け出手続き

＊登記そのものもネットでできる

インターネットの活用は申請書類の入手だけではなく、登記申請そのものもネット上で行うことができます。これを「オンライン登記申請」といいます。利用する前に事前準備が必要であったり、また印鑑に関する手続きは対応不可能といった欠点はありますが、登記所に出かける手間や長時間待たされるといった負担は軽くできます。

とも有効です。

これらの知識は会社設立後に実務上どうしても必要になります。初めに苦労して勉強しておいた方が後が楽なのです。

ぜひとも一連の設立手続きを「面倒なもの」としてではなく、経営者になるための「格好の学ぶ場」として前向きに捉えましょう。

私自身も会社設立の際には、電子定款の作成（後の「株式会社の設立手続き」に詳述しますがこれだけは外注した方が安い）を除いて、手続きは全て自分自身で行いました。確かに面倒な部分もありましたが、会社を運営していく上で非常に勉強になりましたし、実際に登記が完了したときには感慨無量でした。

ほとんどの申請書類はネットで入手できる

会社設立には様々な書類作成が必要になります。以前であれば登記所や税務署など関連官庁に出かけていってフォーマットを入手する必要がありましたが、今ではほとんどのフォーマットが法務局などのホームページから、事前にいつでも入手できます。

また、法務局では事前相談を受ける窓口があり、書類の書き方についてアドバイスを受けられます。その他、具体的な書類作成の仕方や留意点、記入例などについて本書の該当ページや、公的な起業支援機関のホームページを参照すれば理解できます。

まずは申請に必要な書類のフォーマットを全て揃えて、設立のために決めなければならないことの概要をつかみましょう。

会社を設立登記するという一連の手続きは、「自分がやろうとしているビジネスを明確化して、それを届け出ること」です。フォーマットを全て揃えて改めて眺めてみると、まだ明確化できていない部分が何かを掴むことができます。

会社（法人）設立編 3

■設立手続き①

株式会社と設立手続き

▼代表的な法人形態で、一人会社が最も簡単

現金出資による発起人設立が最も簡単

株式会社の設立手続きは、発起人の決定から登記の完了、諸官庁への届けなど様々な手続きが必要です。設立の方法には、発起設立と募集設立があり、発起人が設立時の全株式を引き受ける場合が「発起設立」です。また出資の方法についても一般的には現金による出資が知られていますが、たとえば所有不動産などのモノを資本金として出資する「現物出資」という方法もあります。

本書では、はじめて会社を設立する方のために、なるべく簡単に手続きができる方法として発起人が全株式を引き受けて現金で出資を行う「現金出資による発起人設立」を想定

◆株式会社の設立手続きフロー（発起設立）

① 発起人の決定
② 基本事項の決定
③ 定款の作成
④ 定款の認証
⑤ 出資金の払い込み
⑥ 発起人による設立時役員等の選任
⑦ 取締役会開催（取締役会設置会社）
⑧ 設立登記申請
⑨ 諸官庁への届け出

＊発起設立と募集設立

株式会社の設立には、発起設立と募集設立があります。発起設立とは、会社の設立時に発起人が全株式を引き受ける方法であり、募集設立とは、発起人が一部だけを引き受け、残りの株主を募集する方法です。

募集設立のメリットは、それだけ資金調達の可能性が広がるということですが、当然ながら他の出資者に経営に関与されるというデメリットを持っています。

して説明します。

発起人の決定と基本的事項の決定

① 発起人の決定

発起人は、会社設立を決めた張本人であり、設立時の株主です。人数は1名以上いればよく、上限はありません。定款の発起人の欄に署名し、1株以上の出資が必要となります。個人で会社設立を考える場合には、発起人1名が100％出資し、会社の代表取締役社長を務めるケースが多いようです。

② 基本事項の決定

まずは会社の基本事項を決定します。会社の目的、社名、事業内容、本店所在地、資本金の額、株式発行数、役員構成、決算期などの会社の基本的な事項を決定します。ここで決定されたことが次に作成する定款の土台となります。

本書では、最小限の役員陣で設立する会社を想定し、「役員が取締役1人のみ」の会社と「取締役会設置会社の最小要件である取締役3人、監査役1人の会社」の2種類を紹介します。監査役会、会計監査人、会計参与、三委員会の設置会社については、省略します。

定款の作成と認証

③ 定款の作成

定款とは、会社の憲法とも呼べるもので、会社の活動は全てこの定款に基づいて行われます。定款には、必ず記載しなければならない「絶対的記載事項」と会社で任意に定める「相対的記載事項」「任意的記載事項」があります。絶対的記載事項の項目が一つでも抜けていたり、違法であれば、定款そのものが無効となります。

絶対的記載事項は、以下の通りです

〔目的〕

会社が何の事業を行う会社なのかという会社の目的をまず定める必要があります。なお、目的の書き方（表現の仕方）には一定のルー

＊目的の書き方
最近では、上場している会社の定款の目的をインターネットで閲覧することができます。同業他社の定款を参考にしながら決定しましょう。
今すぐは取り組まなくても将来着手したい事業も加えるようにしましょう。

ルがあります。

また、会社は定款で定めた事業以外を行うことができません。そこで、以下のような記述にして業務の範囲を広げておくのが一般的です。

1．コンピューターのソフトウェア開発

2．前号に付帯する一切の業務

特に許認可が必要な事業を行う場合、記載がないと許認可が受けられませんので注意しましょう。

〔商号〕

商号とは会社の名称のことです。名称は自由に決めることができますが、株式会社という文字を社名の前か後に入れるといった一定のルールがあります。

〔本店の所在地〕

本店所在地としては、最小行政区画（市区町村）までの記載で構いません。（たとえば「東京都新宿区」など）

〔設立に際して出資される財産の価額またはその最低額〕

たとえば資本金３００万円で始める場合は、「当会社は、設立に際して金３００万円の金銭出資を受けるものとする」という記載になります。発行する株式数などは記載する必要はありません。

〔発起人の氏名（名称）と住所〕

発起人の氏名と住所を記載します。個人でも法人でもかまいません。前述のように代表取締役に就任予定の者が発起人になることが多いようです。

④ 定款の認証

定款が完成したら登記の前に定款の記載事項に間違いはないか、法令の強行規定や公序良俗、会社の基本原則に違反しないかなどをチェックし、間違いのない定款であることを証明してもらう必要があります。これが公証人による定款の認証です。

公証人役場は、設立登記を受ける法務局や地方法務局の管内に数箇所ありますので、その管内であればどこで認証を受けてもよいことになっています。

＊現物出資とは

現金以外の資産も資本金の中に組み込むことが可能です。これを現物出資と言います。主な現物出資の資産としては、土地・建物などの不動産、有価証券、自動車などがあげられます。

現物出資を行うときには、定款にその旨を明記しておかねばなりません。また、現物出資の価格が５００万円を超えるなど条件によっては裁判所が選任する検査役によって、資産が正しく評価されているかどうかの検査を受ける必要があります。

＊商号のルール

①商号に付けられない文字（符号）がある、②同一住所で同一商号の会社は一社のみ、③株式会社、合同会社など登記した会社の種類

定款の認証にあたっては、全発起人の印鑑証明書が必要です。また収入印紙代4万円と公証人手数料5万円が必要になります。なお、紙の定款ではなく、CD-ROMに記録した電子定款を作る場合は収入印紙代はかかりません。ただしそのためには高額の専用のソフトが必要になります。また相応の手間もかかりますので、行政書士等に電子定款作成を依頼するのがお勧めです。収入印紙代よりも安い手数料で作成してもらえます。

認証を受けるにあたっては、定款、実質的な支配者となるべき者の申告書（インターネットでダウンロード可能）、本人確認書類（免許証など）、発起人の印鑑証明が必要になります。

出資金の払込みと代表取締役会の選定

⑤ 出資金の払い込み

定款の認証を終えたら、発起人代表の預金口座へ出資金を払い込みます。まだ会社に口座がないので発起人の口座に振り込みます。残高があってもいったん引き出して出資金を記録します。

また確かに入金があった証拠として通帳をコピーします。これは登記申請の際に、振込があったことを証する書面として申請の2週間前から前日までの期間の振込記録が必要になります。

⑥ 設立時役員等の選任

次に発起人は、設立時役員等を選任します。設立時役員とは、設立時取締役、設立時監査役のことです。役員の人数は1人から設定できます。この場合、取締役会は設置できず全ての決議は株主総会で決めます。取締役会を設置する場合は取締役3名以上、監査役1名以上が必要です。設立時役員等の選任は、発起人の過半数をもって決定し、「取締役（及び監査役）選任決議書」、あるいは「発起人会議事録」を作成します。ただし、定款に設立時役員等の氏名を具体的に記載している場合は、作成は不要です。

を商号に記す、④銀行・保険会社など業種によって制限されている商号がある、などのルールがあります。

インターネットの「登録情報提供サービス」では商号のキーワード検索ができます。

＊相対的記載事項、任意的記載事項

相対的・任意的記載事項は絶対的記載事項と違い、定款に記載がなくても定款自体が無効とはなりません。このうち相対的記載事項は、記載しない限り効力を持たない事項で、代表的な記載事項には資本金の現物出資があります。

また、任意的記載事項は、定款に記載するかどうかは会社が自由に決めることができる事項です。事業年度などが任意的記載事項に該当します。

⑦ 取締役会の決議（取締役1人の場合は開催の必要なし）

この取締役会で決議すべき事項は、以下のとおりです。また取締役会を設置しない会社の場合は、発起人による決議をします。

・代表取締役の選出（取締役が複数の場合）
・本店所在地の町名・地番の決定（定款の所在地が最小行政区画までの表記の場合）

以上については、速やかに決議書を作成します。これは、設立登記申請書の添付書類となります。

設立登記申請とその後の手続き

⑧ 法務局で設立登記の申請

本店所在地を管轄する登記所に申請します。発起設立に必要な書類は以下のとおりです。

・株式会社設立登記申請書
・定款
・発起人の同意書
・設立時取締役、設立時監査役選任及び本店所在場所決議書
・設立時代表取締役を選定したことを証する書面
・設立時取締役、設立時代表取締役及び設立時監査役の就任承諾書
・印鑑証明書
・本人確認証明書
・払い込みを証する書面（出資金を振り込んだ際の通帳のコピーなど）
・資本金の額の計上に関する設立時代表取締役の証明書
・登記すべき事項を入力した別添ＣＤ-Ｒ

なお、登記では出資金の０・７％（ただし最低15万円）の登録免許税がかかります。

⑨ 諸官庁への届け出

第５章で解説します。

＊印鑑届

登記の申請書に押印すべき者は、あらかじめ（設立登記申請と同時でも構わない）登記所に印鑑を提出することとされています。法人を代表すべき者（理事が各自会社を代表する場合は、そのうちの１人で構わない）の印鑑について「印鑑届書」を提出します。

株式会社・設立事項チェックリスト

商　号			
本　店 （所在場所）			
目　的			
就任予定役員	取締役	氏名	住所
		氏名	住所
	代表取締役	氏名 （　年　月　日生）	住所〒
	監査役	氏名	住所〒

設立時発行株式数	額面1株の金額	発行可能株式総数	設立に際し出資される財産の最低価額
株	円	円	円

資本金	円	資本準備金	円	設立日	月　日
事業年度		総　会	月		
公告をする方法					
公証人役場	所在地　TEL（　）				
	法務局所属・公証人氏名				
登記所	所在地　TEL（　）				
	法務局　出張所				
備　考					

登記手続進行	事　項	年　月　日	チェック	事　項	年　月　日	チェック
	発起人決定	・　・		払込金の払込	・　・	
	定款作成	・　・		登記申請 （設立日）	・　・	
	定款認証	・　・		登記完了日	・　・	

発起人氏名	引受株数	金　額
住所〒		
住所〒		

▒株式会社の設立登記申請書（発起設立で取締役会を置く場合）

※以下の書式は、法務省が公表している書式記載例を基に作成したものです。

株式会社設立登記申請書

フリガナは株式会社を除き片仮名で記載してください。

1. 商号《フリガナ》　○○《○○》商事《ショウジ》株式会社

1. 本店　○県○市○町○丁目○番○号

1. 登記の事由　令和○年○月○日発起設立の手続終了

1. 登記すべき事項　別添CD-Rのとおり

登記すべき事項を記録した磁気ディスクを提出します（この場合は「別添CD-Rのとおり」と記載）。もしくはオンライン申請もできます。

1. 課税標準金額　金1,000万円

資本金の額を記載して下さい。

1. 登録免許税　金150,000円

資本の額の1000分の7の額です。ただし、この額が15万円に満たない場合は、15万円になります。また、100円未満の端数があるときは、その端数金額は切り捨てます。収入印紙または領収書で納付します（→収入印紙貼付台紙へ貼付）。

1. 添付書類

定款	1通
発起人の同意書	1通
設立時取締役、設立時監査役及び本店所在場所決議書	1通
設立時代表取締役を選任したことを証する書面	1通
設立時取締役、設立時監査役の就任承諾書	○通

代表取締役の新任承諾書は、設立時代表取締役選定決議書の記載を援用する。

印鑑証明書　○通

代表取締役が就任承諾に押印した印鑑につき発行後3か月以内の市区町村長の印鑑証明書を添付してください。なお、代表取締役の印鑑について「印鑑届書」（用紙はお近くの法務局でお渡ししています（無料）。）をあらかじめ（この申請と同時でも構いません。）提出してください。

本人確認証明書

設立時取締役、設立時監査役は、印鑑証明書、住民票記載事項証明書、運転免許証のコピー（裏面もコピーし、本人が原本と相違ない旨を記載して、署名又は記名押印したもの。2枚以上の場合には、合わせてとじて、当該書面に押した印鑑で契印します。）等の本人確認証明書を添付します。

払込を証する書面	1通
委任状	1通

代理人に申請を委任した場合のみ必要です。

上記のとおり登記の申請をします。

令和○年○月○日

○県○市○町○丁目○番○号※1
申請人　　○○商事株式会社※2

契印

○県○市○町○丁目○番○号※3
代表取締役　法　務　太　郎　㊞

○県○市○町○丁目○番○号※4
上記代理人　法　務　三　郎　㊞

○○法務局　　○○支　局　御中
（または出張所）

※1～※4にはそれぞれ、※1→本店住所、※2→商号、※3→代表取締役の住所、※4→代理人の住所、を記載してください。

登記所に提出した代表取締役の印鑑を押印してください。

代理人が申請する場合にのみ記載し、代理人の印鑑を押印してください。この場合設立時代表取締役の押印は、必要ありません。

（注）次ページの収入印紙台紙とともに、各ページに契印を押印します。契印は申請した代表取締役（代理申請の場合はその代理人）と同一の印鑑を使用します。

1人株式会社を設立する場合

役員が代表取締役１人だけの株式会社を設立する場合でも、必要な書類は、前述の取締役会設置会社の場合と同じです。取締役が１人でも代表取締役の選任を決議します。

添付書類の記載例は監査役に関する記述を除いてそのまま利用することができます。

登録免許税納付用台紙

（注）１　登記申請書（収入印紙貼付台紙を含む。）は、各ページを契印してください。
２　契印には申請書に押印した印鑑と同一の印鑑を使用してください。

収入印紙貼付台紙

収入
印紙

（注）割印をしないで貼ってください。

契印

定款の表紙の記載例

○○商事株式会社定款

年　月　日　作成
年　月　日　公証人認証
年　月　日　会社成立

※電子定款を作成した場合は、CD-Rで法務局へ提出します。

定款の記載例　※会社によっては、不要な事項がありますので、会社の事情に合わせて作成してください。

○○商事株式会社定款

第１章　総　則

（商号）

第１条　当会社は、○○商事株式会社と称する。

（目的）

第２条　当会社は、次の事業を営むことを目的とする。

1　○○の製造販売

2　○○の売買

3　前各号に附帯する一切の事業

（本店の所在地）

第３条　当会社は、本店を○県○市に置く。

（注）定款に定める本店の所在地を記載が必須である最小行政区画（市または区）までの表示にしておけば、区画内での本店移転時に、再び本店移転の登記をしないで済みます。

（公告の方法）

第４条　当会社の公告は、官報に掲載してする。

（注）公告の方法は「官報」「日刊新聞」「電子公告」の３つから選べます。現在でも設立当初は官報を選ぶ会社が多いようです。

第２章　株　式

（発行可能株式総数）

第５条　当会社の発行可能株式総数は、○○○株とする。

（注）株式会社が発行することができる株式の総数のことです。譲渡制限のある会社の場合は、数を自由に決定することができますが、公開会社の場合は発行済み株式の４倍までと決まっているので、４倍の数にしている会社が多いようです。たとえば資本金1000万円で１株あたりの株価が１万円の会社の場合、発行済み株式数は1000株です。発行可能株式総数をその４倍にする場合は、4000株となります。

（株券の不発行）

第６条　当会社の発行する株式については、株券を発行しない。

（注）平成18年以降株券は発行しなくてもよくなりました。

（株式の譲渡制限）

第７条　当会社の株式を譲渡により取得するには、当会社の承認を受けなければならない。

（注）当会社の株式が望ましくない相手に渡らないように承認が必要と定めることができます。

第８条　当会社の株式取得者が株主名簿記載事項を株主名簿に記載又は記録することを請求するには、株式取得者とその取得した株式の株主として株主名簿に記載され、若しくは記録された者又はその相続人その他の一般承継人が当会社所定の書式による請求書に署名又は記名押印し、共同して請求しなければならない。

2　前項の規定にかかわらず、利害関係人の利益を害するおそれがないものとして法務省令に定める場合には、株式取得者が単独で株主名簿記載事項を株主名簿に記載又は記録することを請求することができる。

（質権の登録および信託財産の表示）

第９条　当会社の株式につき質権の登録又は信託財産の表示を請求するには、当会社所定の書式による請求書に署名又は記名押印したものを提出しなければならない。その登録又は表示の抹消についても、同様とする。

（手数料）

第10条　前2条に定める請求をする場合には、当会社所定の手数料を支払わなければならない。

（基準日）

第11条　当会社は、毎事業年度末日の最終株主名簿に記載又は記録された議決権を有する株主（以下、「基準日株主」という。）をもって、その事業年度に関する定時株主総会において権利行使すべき株主とする。ただし、当該基準日株主の権利を害しない場合には、当会社は、基準日後に、募集株式の発行、合併、株式交換又は吸収分割等により株式を取得した者の全部又は一部を、当該定時株主総会において権利を行使することができる株主と定めることができる。
2　前項のほか、株主又は登録株式質権者として権利を行使すべき者を確定するため必要があるときは、取締役会の決議により、臨時に基準日を定めることができる。ただし、この場合には、その日を2週間前までに公告するものとする。
（株主の住所等の届出）
第12条　当会社の株主および登録株式質権者又はその法定代理人若しくは代表者は、当会社所定の書式により、その氏名、住所および印鑑を当会社に届け出なければならない。届出事項に変更が生じた場合における、その事項についても同様とする。

第3章　株主総会

（招集）
第13条　当会社の定時株主総会は、毎事業年度末日の翌日から3か月以内に招集し、臨時総会は、その必要がある場合に随時これを招集する。
2　株主総会を招集するには、会日より1週間前までに、議決権を行使することができる株主に対して招集通知を発するものとする。
（議長）
第14条　株主総会の議長は、代表取締役社長がこれにあたる。代表取締役社長に事故があるときは、あらかじめ代表取締役社長の定めた順序により他の取締役がこれに代わる。
（決議）
第15条　株主総会の決議は、法令又は定款に別段の定めがある場合のほか、出席した議決権のある株主の議決権の過半数をもって決する。
2　会社法第３０９条第2項に定める決議は、議決権を行使することができる株主の議決権の3分の1以上を有する株主が出席し、出席した当該株主の議決権の3分の2以上に当たる多数をもって行う。
（議決権の代理行使）
第16条　株主又はその法定代理人は、当会社の議決権を有する株主又は親族を代理人として、議決権を行使することができる。ただし、この場合には、総会ごとに代理権を証する書面を提出しなければならない。

第4章　取締役、監査役、代表取締役および取締役会

（取締役会の設置）
第17条　当会社に取締役会を設置する。
（監査役の設置）
第18条　当会社に監査役を置く。
（取締役および監査役の員数）
第19条　当会社の取締役は１０名以内、監査役は2名以内とする。

（注）人数は自由に決めることができますが取締役会設置会社の場合は、取締役3名、監査役1名が最低人数となります。

（取締役および監査役の選任）
第20条　当会社の取締役および監査役は、株主総会において議決権を行使することがで

きる株主の議決権の3分の1以上を有する株主が出席し、その議決権の過半数の決議によって選任する。
2　取締役の選任については、累積投票によらないものとする。
(取締役および監査役の任期)
第21条　取締役の任期はその選任後2年以内、監査役の任期はその選任後4年以内に終了する事業年度のうち最終のものに関する定時株主総会の終結の時までとする。
(注) 取締役、監査役の任期は定款に最長１０年まで延長することが可能です。一方、取締役の場合、任期は原則2年のところ1年に短縮できますが、監査役の場合は4年未満に短縮することはできません。
2　補欠又は増員により選任された取締役の任期は、前任者又は他の在任取締役の任期の残存期間と同一とする。
3　任期の満了前に退任した監査役の補欠として選任された監査役の任期は、退任した監査役の任期が満了すべき時までとする。
(取締役会の招集)
第22条　取締役会は、代表取締役社長がこれを招集するものとし、その通知は、各取締役および各監査役に対して会日の3日前に発するものとする。ただし、緊急の必要があるときは、この期間を短縮することができる。
(代表取締役および役付取締役)
第23条　当会社は、取締役会の決議により、取締役の中から代表取締役1名を定め、他に代表取締役を定めることができる。
2　代表取締役は社長とし、当会社を代表する。
3　代表取締役社長のほか、取締役会の決議により、取締役会長、取締役副社長、専務取締役および常務取締役各若干名を定めることができる。
(注)「会長」「社長」「副社長」などいわゆる役付き（やくづき）は法的根拠がなく、登記も必要ありません。役付きは会社で任意に決めることができます。社長という肩書きは、一般的に最高責任者という意味で使用されていますが、法律的には代表取締役が代表者となります。そのため会社によっては、「代表取締役会長」や「(代表権のない)取締役社長」といった肩書きも使用されています。
(業務執行)
第24条　代表取締役社長は、当会社の業務を執行し、専務取締役又は常務取締役は、代表取締役社長の業務の執行を補佐する。
2　代表取締役社長に事故があるときは、あらかじめ取締役会の定める順序に従い、他の取締役が代表取締役社長の業務を代行する。
(監査の範囲)
第25条　監査役の監査の範囲は、会計に関するものに限定する。
(注) 監査役の業務の範囲は、業務監査権限と会計監査権限に分かれています。定款では監査役の監査の範囲を会計に関するものに限定することができます。その場合には、定款に記載するだけでなく、別紙の「登記すべき事項」にも追記して登記する必要があります。
(報酬および退職慰労金)
第26条　取締役および監査役の報酬および退職慰労金はそれぞれ株主総会の決議をもって定める。
第5章　計　算
(事業年度)
第27条　当会社の事業年度は年1期とし、毎年4月1日から翌年3月３１日までとする。
(注) 事業年度とは決算を締めるまでの期間のことです。個人事業主と異なり、法人は決算までの期間を自由に決められます。事業初年度が会社設立月と一致しなくてもかまいません。

（剰余金の配当）
第 28 条　剰余金は、毎事業年度末日現在における株主名簿に記載又は記録された株主又は登録株式質権者に配当する。
（中間配当）
第 29 条　当会社は、取締役会の決議により、毎年９月３０日現在の株主名簿に記載又は記録された株主又は登録株式質権者に対し、中間配当をすることができる。
（注）中間配当を実施しない場合は、本条は必要ありません。
（剰余金の配当等の除斥期間）
第 30 条　当会社が、剰余金の支払いの提供をしてから満 3 年を経過しても受領されないときは、当会社はその支払いの義務を免れるものとする。
第 6 章　附　則
（設立に際して出資される財産の最低額）
第 31 条　当会社の設立に際して出資される財産の最低額は、金○万円とする。
（最初の事業年度）
第 32 条　当会社の最初の事業年度は、当会社成立の日から令和○年３月３１日までとする。
（発起人）
第 33 条　発起人の氏名、住所および発起人が設立に際して引き受けた株式数は、次のとおりである。
○県○市○町○丁目○番○号　（氏名）○　○　○　○　○○株
○県○市○町○丁目○番○号　（氏名）○　○　○　○　○○株
（法令の準拠）
第 34 条　この定款に規定のない事項は、全て会社法その他の法令に従う。

以上、○○商事株式会社の設立のため、この定款を作成し、発起人が次に記名押印する。
令和○年○月○日
発起人　○　○　○　○　㊞
発起人　○　○　○　○　㊞

▒１人株式会社を設立する場合の定款

代表取締役１人だけで会社を設立する場合には、定款記載例について下記の修正をしてください。

第４章　取締役、監査役、代表取締役および取締役会　タイトルを「取締役」へ変更する

第 11 条（基準日）２項　　「取締役会の決議」を「取締役会の決定」へ変更する。

第 14 条（議長）　取締役１名の場合は、他の取締役に議長をまかせることはできませんが、将来取締役を増員するときのために、この記載は残しても良い。

第 17 条（取締役会の設置）　削除

第 18 条（監査役の設置）　削除

第 19 条（取締役および監査役の員数）　監査役に関する表記を削除

第 21 条（取締役および監査役の任期）　監査役に関する表記を削除

第 22 条（取締役会の招集）　削除

第 23 条（代表取締役および役付取締役）　タイトルを「代表取締役および社長」とし、次の通り修正します。

第 23 条　取締役を２名置く場合には、取締役の互選により、代表取締役１名を定める。

２　代表取締役は、社長とし、当会社を代表する。

３　当会社の業務は、代表取締役社長が執行する。

第 24 条（業務執行）　削除

第 25 条（監査の範囲）　削除

第 26 条（報酬および退職慰労金）　監査役に関する表記を削除

設立時発行株式および資本金に関する発起人の同意書の例

同意書

本日発起人全員の同意をもって、会社が設立の際に発行する株式に関する事項および資本金の額を次のように定める。

1　発起人○○が割当てを受けるべき株式の数及び払い込むべき金額
　○○商事株式会社　普通株式　○株
　株式と引換えに払い込む金額　金○円
1　発起人○○が割当てを受けるべき株式の数及び払い込むべき金額
　○○商事株式会社　普通株式　○株
　株式と引換えに払い込む金額　金○円
1　資本金の額　金○円
1　資本準備金の額　金○円
　(資本準備金を定める場合)

(注) 定款の中で上記事項を定める場合は同意書は不要です。

上記事項を証するため、発起人全員記名押印（又は署名）する。

令和○年○月○日

○○商事株式会社

○県○市○町○丁目○番○号
発　起　人　○　○　㊞
○県○市○町○丁目○番○号発
発　起　人　○　○　㊞

(注) 定款の中で上記事項を定める場合は同意書は不要です。

設立時取締役、設立時監査役選任及び本店所在場所決議書の例

設立時取締役、設立時監査役選任及び本店所在場所決議書

令和○年○月○日○○商事株式会社創立事務所において発起人全員出席し（又は議決権の過半数を有する発起人出席し）その全員の一致の決議により次のように設立時取締役、設立時監査役及び本店所在場所を選任、決定した。

設立時取締役	○県○市○町○丁目○番○号	法務太郎
同	○県○市○町○丁目○番○号	法務一郎
同	○県○市○町○丁目○番○号	法務次郎
設立時監査役	○県○市○町○丁目○番○号	法務花子
本店	○県○市○町○丁目○番○号	

上記決定事項を証するため、発起人の全員（又は出席した発起人）は、次のとおり記名押印（又は署名）する。

令和○年○月○日

○○商事株式会社

発　起　人　○　○　㊞
発　起　人　○　○　㊞

(注)　決議書が複数ページになる場合には、各ページのつづり目に契印してください。契印は、議事録署名者のうち１名の印鑑で構いません。

▒設立時代表取締役を選定したことを証する書面の例

設立時代表取締役選定決議書

令和○年○月○日○○商事株式会社創立事務所において設立時取締役全員出席し（又は過半数の設立時取締役出席し）その全員の一致の決議により次のように設立時代表取締役を選定した。なお、被選定者は即時その就任を承諾した。

設立時代表取締役　法務太郎

上記設立時代表取締役の選定を証するため、設立時取締役の全員（又は出席した設立時取締役）は、次のとおり記名押印する。

令和○年○月○日

○○商事株式会社

出席設立時取締役　法　務　太　郎　㊞

同　法　務　一　郎　㊞

同　法　務　次　郎　㊞

（注）1　取締役会設置会社においては、設立時取締役のうちから、設立時代表取締役として選定された者が会社を代表することとなるため、設立時代表取締役が就任を承諾したことを証する書面の印鑑について、市区町村長の作成した印鑑証明書を添付する必要があります。

2　上記の記載がある場合は、申請書に就任承諾書を添付することを要しません。ただし、設立時代表取締役が本決議書には印鑑証明書と同一の印鑑を押印します。

この場合、申請書には「就任承諾書は、設立時代表取締役選定決議書の記載を、援用する。」と記載します。

払込のあったことを証する書面の例

証明書

当会社の設立時発行株式については以下のとおり、全額の払込みがあったことを証明します。

設立時発行株式数　　○○株
払込みを受けた金額　金○○円

令和○年○月○日

○○商事株式会社
設立時代表取締役　法　務　太　郎　㊞

(注) 1　当該書面には、登記所に届け出るべき印鑑を押印します。
2　取引明細表や預金通帳の写し（口座名義人が判明する部分を含む）を合わせてとじて、当該書面に押印した印鑑を契印します。また添付した取引明細表や預金通帳の写しの入金又は振込に関する部分にマーカー又は下線を付す等して、払い込まれた金額が分かるようにしてください。
3　預金通帳の写しに代わるものとして、取引明細票、取引履歴、払込金受取書、インターネットバンキング等の取引情報に関する画面をプリントしたものも可能です。この場合には、当該書面に払込先金融機関名、口座名義人、振込日、及び振込金額が記載されている必要があります。

就任承諾書の例

就任承諾書

私は、令和○年○月○日、貴社の設立時取締役に選任されたので、その就任を承諾します。

令和○年○月○日

○県○市○町○丁目○番○号
法　務　太　郎　㊞

○○商事株式会社御中

(注) 全ての設立時取締役と設立時監査役の人数分書面が必要です。

▒委任状の例

委　任　状

○県○市○町○丁目○番○号
○○○○

私は、上記の者を代理人に定め、次の権限を委任する。

1　令和○年○月○日発起設立の手続終了した当会社設立登記を申請する一切の件
1　原本還付の請求及び受領の件（注１）

令和○年○月○日

○県○市○町○丁目○番○号
○○商事株式会社
代表取締役　　○○○○　㊞　（注２）

（注）１　原本還付を請求する場合に記載します。
２　会社を代表すべき者が登記所に提出する印鑑を押します。

登記すべき事項（別添 CD-R の場合）入力例

「商号」○○商事株式会社
「本店」○県○市○町○丁目○番○号
「公告をする方法」官報に掲載してする。
「目的」
1　○○の製造販売
2　○○の売買
3　前各号に附帯する一切の業務
「発行可能株式の総数」800 株
「発行済株式の総数」200 株
「資本金の額」金 1000 万円
「株式の譲渡制限に関する規定」
当会社の株式を譲渡するには，当会社の承認を受けなければならない。
「役員に関する事項」
「資格」取締役
「氏名」法務太郎
＊「役員に関する事項」
＊「資格」取締役
＊「氏名」法務一郎
＊「役員に関する事項」
＊「資格」取締役
＊「氏名」法務次郎
「役員に関する事項」
「資格」代表取締役
「住所」○県○市○町○丁目○番○号
「氏名」法務太郎
＊「役員に関する事項」
＊「資格」監査役
＊「氏名」法務花子
「取締役会設置会社に関する事項」

取締役会設置会社
＊「監査役会設置会社に関する事項」
＊監査役会設置会社
「登記記録に関する事項」設立

監査役の監査の範囲を会計に限定するは場合は次の文章を追加します。

「役員に関するその他の事項」

監査役の監査の範囲を会計に関するものに限定する旨の定款の定めがある。

（注）1 人株式会社の場合は＊部分の記載は不要です。

印鑑届書の例

※登記の申請と同時に「印鑑届書」の提出も必要です。会社の代表印をあらかじめ用意し、会社を代表すべき者の印鑑として「印鑑届書」を押印して提出する必要があります。印鑑届書の用紙は法務局（登記所）にありますので、法務局でおたずねください。

印 鑑 （ 改 印 ） 届 書

※ 太枠の中に書いてください。

（地方）法務局　　支局・出張所　　令和　年　月　日 届出

（注１）（届出印は鮮明に押印してください。）		
印	商号・名称	○○商事株式会社
	本店・主たる事務所	○県○市○町○丁目○番○号
	印鑑提出者　資　格	代表取締役（〇で囲む）・取締役・代表理事 理事・（　　　　）
	印鑑提出者　氏　名	法務　太郎
	印鑑提出者　生年月日	大・昭・平（〇で囲む）・西暦　1年　1月　1日生
	会社法人等番号	

（注２）
□ 印鑑カードは引き継がない。
□ 印鑑カードを引き継ぐ。
印鑑カード番号
前　任　者

届出人（注３）　☑ 印鑑提出者本人　□ 代理人

		（注３）の印
住　所	○県○市○町○丁目○番○号	本人印
フリガナ	ホウム　タロウ	
氏　名	法務　太郎	

委　任　状

私は，（住所）

（氏名）

を代理人と定め，印鑑（改印）の届出の権限を委任します。

令和　　年　　月　　日

住　所

氏　名　　　　　　印　（注３）の印〔市区町村に登録した印鑑〕

□　**市区町村長作成の印鑑証明書は，登記申請書に添付のものを援用する。（注４）**

（注１）　印鑑の大きさは，辺の長さが１㎝を超え，３㎝以内の正方形の中に収まるものでなければなりません。

（注２）　印鑑カードを前任者から引き継ぐことができます。該当する□にレ印をつけ，カードを引き継いだ場合には，その印鑑カードの番号・前任者の氏名を記載してください。

（注３）　本人が届け出るときは，本人の住所・氏名を記載し，**市区町村に登録済みの印鑑**を押印してください。代理人が届け出るときは，代理人の住所・氏名を記載，押印（認印で可）し，委任状に所要事項を記載し，本人が**市区町村に登録済みの印鑑**を押印してください。

（注４）　この届書には作成後３か月以内の**本人の印鑑証明書**を添付してください。登記申請書に添付した印鑑証明書を援用する場合は，□にレ印をつけてください。

印鑑処理年月日				
印鑑処理番号	受　付	調　査	入　力	校　合

（乙号・８）

会社（法人）設立編

4

■設立手続き②

合同会社と設立手続き

▼合同会社は、「パートナーシップ」に重点を置いた会社形態

注目されている合同会社

合同会社とは、２００６年の会社法施行後に認められた比較的新しい会社形態で「ＬＬＣ（=Limited Liability Company）」とも呼ばれます。

合同会社の数は急増しており、有名企業の中にも、合同会社として経営している企業が現れるようになりました。

株式会社との一番の違いは、経営者と出資者が同一であることです。出資者全員が会社の経営者でもあるため、会社の重要な決議事項について柔軟に判断ができ、また設立コストが比較的安いことなどが人気の理由としてあげられます。株式会社の場合は、お金を出

◆株式会社と合同会社の違い

	合同会社	株式会社
設立時の登録免許税	約６万円～	15万円～
設立時定款認証	不要	必要（公証人による）手数料５万円＋定款原本の収入印紙４万円（電子定款の場合は不要）
出資者	「社員」と呼ばれ、経営にたずさわる者に限定されている	「株主」と呼ばれ、経営にたずさわらなくて良い
代表者	代表社員	代表取締役
機関設計	自由に設計できる。監査役を設置する必要なし	制約あり、取締役会設置の場合の基準など
役員の任期	取締役・監査役ともになし	取締役2～10年、監査役4～10年
重要事項の決定	原則として総社員の同意が必要	株主総会・取締役会での決議が必要
決算公告	なし	あり
配当の割合	自由に決定できる	出資割合によって決まる
株式の公開	株式が発行できないため公開できない	可能

す株主と会社を経営する取締役らは別に規定がされています。合同会社の場合は、原則として出資者全員が業務を執行する権利を持った代表社員です。また代表取締役や取締役という役職はなく、株主総会や取締役会などの機関も存在しません。「代表社員」の皆で経営上の重要事項を相談し、決定します。利益の配分は出資比率にかかわらず、自由に決めることができます。経営の責任は出資者全員が有限で責任を負います。出資など「お金」の面よりも「パートナーシップ」に重点を置いた会社形態といえます。

設立費用が安く、会社の意思決定プロセスがシンプルなため、小規模で事業を開始したい会社にとっても運営しやすい形態です。またＬＬＣは、事業が軌道に乗ってから、株式会社の形態に移行することも可能です。

出資者の決定と基本事項の決定

①出資者の決定

合同会社は出資して業務執行を行う社員が１名以上いれば設立可能です。出資者全員がそれぞれ１円以上の出資金を支払います。

出資者は社員と呼ばれ、業務執行者として経営にも参画します。

出資者は個人でなく、法人がなることもできます。法人が社員になる場合は、その法人から職務執行する者を１名選び、その個人の氏名・住所を他の社員に通知しなければなりません。職務執行者の籍は法人のままでもかまいません。

②会社の基本事項の決定

会社の目的、社名、事業内容、本店所在地、出資金の額などの会社の基本的な事項を決定します。

ここで決定されたことが次に作成する定款の土台となります。

・目的
・商号
・本店所在地
・社員の氏名または名称および住所

◆合同会社（ＬＬＣ）と有限責任事業組合（ＬＬＰ）との違い

	合同会社（ＬＬＣ）	有限責任事業組合（ＬＬＰ）
法人格	あり	なし
税金	法人税、所得税	所得税
配当	定款で自由に定められる	組合規約で自由に定められる
報酬（給料）	可能	不可
株式会社への組織変更	可能	不可

◆合同会社の設立手続きフロー

① 出資者の決定
⇓
② 基本事項の決定
⇓
③ 定款の作成
⇓
④ 出資金の払い込み
⇓
⑤ 設立登記申請
⇓
⑥ 諸官庁への届け出

・社員全員を有限責任社員とする旨の記載
・社員の出資およびその価額または評価の標準
・代表社員
合同会社の場合は、原則として、すべての社員（出資者）に会社の代表者としての業務執行権と代表権があります。

しかし、すべての出資者が会社の代表権を持つのは、取引先から見て会社の最高責任者がわかりにくいこと、各社員が勝手に意思決定できるためリスクがあることなどから、不都合な点もあります。

そこで、社員の中から代表者を選定し、定款で全ての社員を代表する者として「代表社員」を決めておくことができます。なお、代表社員は、個人でなく、法人（株式会社など）がなることもできます。その場合は、法人の中から「職務執行者」を１名選任します。
・業務執行権のない社員
経営に参加しない、つまり業務執行権のない社員がいる場合は、定款で業務執行権の「ある」社員と「ない」社員を決めておくことができます。この場合の呼称は、経営に参加する社員は「業務執行社員」、経営に参加しない出資者は「社員」です。業務執行社員以外の社員は、業務執行には関わらなくても、会社の業務遂行状態や会社財産に問題が生じていないかを調査し、監視する権限は持っています。

・重要事項の意思決定

業務執行社員が複数いる場合、経営上の重要事項は、業務執行社員の過半数で決めることになっています。もし過半数では支障があるなら、定款で意思決定の方法を過半数以外の方法に定めることもできます。

たとえば、「過半数」ではなく、「多数決」に、もしくは、「総社員の3分の2以上の賛成」などとすることもできます。

③　定款の作成

社員になる者が定款を作成し、全員がこれに記名押印します。株式会社のように公証役場で認証を受ける必要はありません。

記載内容に間違いがないかについては、法務局でも相談を受け付けています。

④出資金の払い込み

社員になる者は設立登記前に出資金全額を払い込みます。また確かに入金があった証拠として通帳をコピーします。これは登記申請の際に必要になります。

⑤　設立登記申請

本店所在地を管轄する登記所に申請します。設立登記に必要になるのは以下の書類です。

・設立登記申請書
・定款
・代表社員、本店所在地及び資本金を決定したことを証する書面
・代表社員の就任承諾書
・払込みがあったことを証する書面（出資金を振り込んだ際の通帳のコピーなど）
・資本金の額の計上に関する代表社員の証明書
・登記すべき事項を入力した別添CD-R

なお登記にあたっては出資金の0・7％（ただし最低6万円）の登録免許税がかかります。

⑥　諸官庁への届け出

第5章で解説します。

合同会社の設立登記申請書

※以下の書式は、法務省が公表している書式記載例を基に作成したものです。

合同会社設立登記申請書

1. 商号《フリガナ》　○○商店《○ ○ショウテン》合同会社
1. 本店　○県○市○町○丁目○番○号
1. 登記の事由　設立の手続終了
1. 登記すべき事項　別添 CD-R のとおり
1. 課税標準金額　金 500 万円
1. 登録免許税　金 60,000 円

資本金の額を記載してください。

資本金の額の 1000 分の 7 の額です。ただし、この額が 6 万円に満たない場合は、6 万円になります。また、100 円未満の端数があるときは、その端数金額は切り捨てます。収入印紙又は領収証書で納付します（→収入印紙貼付台紙へ貼付）。

1. 添付書類

定款	1 通
代表社員、本店所在地及び資本金を決定したことを証する書面	1 通
代表社員の就任承諾書	1 通

（合同会社を代表する社員が法人である場合には、次の①から③までの書面が必要です。また、業務執行社員が法人である場合には、次の①の書面が必要です。）

①　登記事項証明書	1 通
②　職務執行者の選任に関する書面	1 通
③　職務執行者の就任承諾書	1 通
払込みがあったことを証する書面	1 通
資本金の額の計上に関する代表社員の証明書	1 通
委任状（代理人に申請を委任した場合のみ必要）	1 通

上記のとおり登記の申請をします。

令和○年○月○日

○県○市○町○丁目○番○号※$_1$
申請人　○○商店合同会社※$_2$
○県○市○町○丁目○番○号※$_3$
代表社員　法務商事株式会社
職務執行者　法　務　太　郎　㊞ ※$_4$

※$_1$～※$_4$にはそれぞれ、
※$_1$→本店住所、※$_2$→商号、
※$_3$→設立時代表社員の住所、
※$_4$→印鑑届書と同じ印鑑
※$_5$→代理人の住所、
を記載してください。

○県○市○町○丁目○番○号※$_5$
上記代理人　法　務　三　郎　㊞
連絡先の電話番号　000-000-0000

代理人が申請する場合にのみ記載し、代理人の印鑑を押印してください。この場合、代表社員の押印は、必要ありません。

○○法務局　○○支　局　御中

定款の記載例　※一例です。会社の実情に合わせて作成してください)

○○商店合同会社定款

第１章　総　則

（商号）

第１条　当会社は、○○商店合同会社と称する。

（目的）

第２条　当会社は、次の事業を営むことを目的とする。

１　○○の製造販売

２　○○の売買

３　前各号に附帯する一切の事業

（本店の所在地）

第３条　当会社は、本店を○県○市に置く。

（公告の方法）

第４条　当会社の公告は、官報に掲載してする。

（社員の氏名、住所、出資及び責任）

第５条　社員の氏名及び住所、出資の価額並びに責任は次のとおりである。

１．金３００万円　○県○市○町○番○号　有限責任社員　法務商事株式会社

２．金２００万円　○県○市○町○番○号　有限責任社員　法務一郎

（注）社員（出資者）の出資金額、氏名、住所を記載します。法人が社員になる場合は法人名を記載します。社員全員が１円以上の出資をします。

（持分の譲渡）

第６条　社員は、他の社員の全員の承諾がなければ、その持分の全部又は一部を他人に譲渡することができない。

２　会社法第５８５条第２項及び第３項は、適用しない。

（社員の相続及び合併）

第７条　社員が死亡し又は合併により消滅した場合には、その相続人その他の一般承継人は、他の社員の承諾を得て、持分を承継して社員となることができる。

（業務執行社員）

第８条　社員法務商事株式会社及び法務一郎は、業務執行社員とし、当会社の業務を執行するものとする。

（注）業務執行の権限のある社員とそうでない社員を分ける場合は定款に記載します。業務執行社員は１名以上選びます。

（代表社員）

第９条　代表社員は業務執行社員の互選をもって、これを定める。

（注）代表者の名前を明記したい場合「業務執行社員○○○は、会社を代表する。」

（報酬）

第10条　業務執行社員の報酬は、社員の過半数の決議をもって定める。

（事業年度）
　第11条　当会社の事業年度は、毎年4月1日から翌年3月31日までとする。
（計算書類の承認）
第12条　業務執行社員は、各事業年度終了日から3か月以内に計算書類を作成し、総社員の承認を求めなければならない。
　以上、○○商店合同会社の設立のため、この定款を作成し、社員が次に記名押印する。
　　令和○年○月○日
有限責任社員　法務商事株式会社
代表取締役　法務花子　㊞
有限責任社員　法務一郎　㊞

（注）1　公証人の認証は不要です。
2　定款の記載事項で必ず記載しなければならない事項は以下のとおりです。
（1）目的、（2）商号、（3）本店の所在地、（4）社員の氏名又は名称及び住所、（5）社員全員が有限責任社員である旨、（6）社員の出資の目的及びその価額又は評価の標準
3　株式会社の定款と同じ表記の条文の解説は省略しています。株式会社の定款も参考にしてください。

代表社員、本店所在地及び資本金決定書※一例。会社の実情に合わせて作成。

代表社員、本店所在地及び資本金決定書

1. 本店　　○県○市○町○丁目○番○号
2. 代表社員法務商事株式会社
3. 資本金　金○○円

上記事項を決定する。

令和○年○月○日

○○商店合同会社
社員　　法務商事株式会社
代表取締役　法　務　花　子　㊞
社員　　法　務　一　郎　㊞

代表社員の就任承諾書の例

就任承諾書

私は、令和○年○月○日、貴社の代表社員に定められたので、その就任を承諾します。

令和○年○月○日

○県○市○町○丁目○番○号
法務商事株式会社
代表取締役　　法　務　花　子　㊞

○○商店合同会社御中

職務執行者の選任に関する書面の例

取締役会議事録

令和○年○月○日午前○時○分当会社の本店において、取締役○名（総取締役数○名）出席のもとに、取締役会を開催し、下記議案につき可決確定のうえ、午前○時○分散会した。

1　職務執行者選任の件

取締役法務花子は選ばれて議長となり、今般○○商店合同会社の代表社員として当会社が選定されることに伴い、職務執行者を選任したい旨を述べ、慎重協議した結果、全員一致をもって次のとおり選任した。なお、被選任者は、その就任を承諾した。

職務執行者　　○県○市○丁目○番○号　法務　太郎

上記の決議を明確にするため、この議事録をつくり、出席取締役の全員がこれに記名押印する。

令和○年○月○日

法務商事株式会社
出席取締役　法　務　花　子　㊞
同　　　　　法　務　次　郎　㊞
同　　　　　法　務　三　郎　㊞
出席監査役　法　務　四　郎　㊞

▒職務執行者の就任承諾書の例

就任承諾書

私は、令和〇年〇月〇日、〇〇商店合同会社代表社員の職務執行者に選任されたので、その就任を承諾します。

令和〇年〇月〇日

〇県〇市〇町〇丁目〇番〇号

法　務　太　郎　㊞

法務商事株式会社御中

▒払込があったことを証する書面の例

証明書

当会社の資本金については以下のとおり、全額の払込みがあったことを証明します。

払込みを受けた金額金〇〇円

令和〇年〇月〇日

〇〇商店合同会社

代表社員　　法務商事株式会社

職務執行者　法　務　太　郎　㊞

(注) 1　本証明書には、登記所に提出する印鑑を押します。

2　取引明細表や預金通帳の写し（口座名義人が判明する部分を含む)、代表社員の作成に係る出資金領収書等を合わせてとじ、本証明書に押印した印鑑を契印します。また、添付した取引明細表や預金通帳の写しの振込に関する部分にマーカー又は下線を付す等します。

▒資本金の額の計上に関する代表社員の証明書の例

資本金の額の計上に関する証明書

①　払込みを受けた金銭の額

金〇〇円

①　給付を受けた金銭以外の財産の出資時における価額（会社計算規則第44条第1項第1号）

金〇〇円

③　①+②　　金〇〇円

資本金〇〇円は会社計算規則第４４条の規定に従って計上されたことに相違ないことを証明する。

令和〇年〇月〇日

〇〇商店合同会社

代表社員　　法務商事株式会社

職務執行者　法務　太郎　㊞

（注）１　設立に際して出資される財産が金銭のみである場合は、資本金の額の計上に関する証明書を添付する必要はありません。
２　出資をした者における帳簿価額を計上すべき場合（会社計算規則第４４条第１項第１号イ、ロ）には、帳簿価額を記載してください。
３　代表者が設立の登記の際に登記所に提出する印鑑を押してください。

登記すべき事項（別添CD-Rの場合）の入力例

「商号」○○商店合同会社
「本店」○県○市○町○丁目○番○号
「公告をする方法」官報に掲載してする。
「目的」
1　○○の製造販売
2　○○の売買
3　前各号に附帯する一切の事業
「資本金の額」金 500 万円
「社員に関する事項」
「資格」業務執行社員
「氏名」法務商事株式会社
「社員に関する事項」
「資格」業務執行社員
「氏名」法務一郎
「社員に関する事項」
「資格」代表社員
「住所」○県○市○町○丁目○番○号
「氏名」法務商事株式会社
「職務執行者」
「住所」○県○市○町○丁目○番○号
「氏名」職務執行者 法務太郎
「登記記録に関する事項」設立

会社（法人）設立編 5

■設立手続③

有限責任事業組合と設立手続き

▼短期的・プロジェクト的な事業で活用できる

有限責任事業組合とは

有限責任事業組合（ＬＬＰ・Limited Liability Partnership）は、会社法ではなく有限責任事業組合契約法で２００５年に創設された組織形態です。法人格はなく、組合員には法人・個人のいずれもなることができます。ただし、法人の場合は、職務執行者を別途決めなければなりません。

短期的・プロジェクト的な事業、ベンチャー企業や異業種の企業、専門人材が行う共同事業など、参加者個々が既に持つ属人的能力を発揮しやすい事業に向いています。

主な特徴は、有限責任、内部自治の徹底、パススルー課税の３つです。

＊ＬＬＰの活用例

ＬＬＰは組織設計が柔軟にできるため、機動的な事業展開が期待できます。具体的な活用例としては、①高度専門サービスの複合事業（各種情報通信事業者の集合体など）、②ジョイントベンチャー（大企業の資本力とベンチャー企業の技術力の連携）、③産学連携（大手メーカーと大学技術者との連携）などが考えられます。

①〔特徴1〕有限責任

構成員は全員有限責任の組合員で、出資額の範囲までしか債権者に対して責任を負いません。

②〔特徴2〕内部自治の自由

ＬＬＰは、重要な意思決定は全員一致、業務執行への全員参加が原則です。これを満たす範囲で活動できれば、取締役会や監査役の設置義務がなく、意思決定の方法も自由に決められます。また意思決定については、全員一致を変更することもできます。ただし、その場合でも①重要な財産の処分及び譲受け、②多額の借財については、全員一致または組合員の３分の２以上の同意で決定することが必要です。

損益や権限の分配も出資比率によらず、自

由に決定することができます。分配割合は、組合員全員の同意により、書面で分配の割合と当該分配割合を定めた理由について記載して決定します。

③〔特徴3〕パス・スルー課税

株式会社・合同会社はまず法人として課税され、さらに役員・業務執行者には所得税もかかることになります。一方、有限責任事業組合は、法人格がないため、法人税がかからず構成員へ直接課税される「パス・スルー課税（構成員課税）」が適用されます。また、構成員が組合から配当を受けることができますが、報酬（給料）をもらうことはできません。

取引・資産の扱い

ＬＬＰは、組合員の肩書き付き名義で、取引先等との契約を締結することになります。名刺には「○○有限責任事業組合　組合員○○株式会社　職務執行者○山○夫」と記載されます。この場合、契約の効果は、当該組合員のみでなく全組合員に及ぶことになります。商品の売買契約や業務委託契約、ライセンス契約など様々な契約をＬＬＰとして締結することができます。また従業員の雇用についても、組合名義で雇用することができます。ただし、株式会社同様に労働保険、社会保険への加入が必要になります。

同様に、銀行口座の開設も組合員名義で開設することができます（ただし金融機関によります）。

組合の財産（不動産・動産・知的財産）は、組合員が共有名義で有することができます。これを組合員全員の合有財産といい、一部の組合員が自分の所有割合分を自由に分割したり、処分したりすることはできません。

また組合員の固有の債務のために、組合財産の所有分を差押えすることもできません。例えば、組合員○○株式会社の業績が不振となり、○○社の財産が債権者に差押えにあっても、債権者は、組合の財産まで差押えすることはできないということです。

組合事業から生ずる損益はすべて組合員に帰属します。そのため税務上もこれに応じて各組合員において課税されることとなり、各組合員がそれぞれ税務申告を行います。また組合としても毎事業年度ごとに、貸借対照表、損益計算書、およびその附属明細書の作成が義務付けられており、税務署へも会計帳簿を提出しなければなりません。

有限責任事業組合の設立手続き

◆有限責任事業組合の設立手続フロー

① 組合契約の作成
⇩
② 出資金の払い込み
⇩
③ 組合契約登記申請
⇩
④ 諸官庁への届け出

ＬＬＰ設立にあたっては株式会社などと違い、定款認証の手続きは必要ありません。設立に関する時間と手間が省けるのが特徴です。また出資金額の下限はなく、組合員２名以上で設立が可能となります。

① 組合員による組合契約の作成

組合契約では、ＬＬＰ運営の基礎となるものを決めます。出資者は、ＬＬＰ法で定められた事項（絶対的記載事項）や、組合員が任意に定める事項（任意的記載事項）などを契約書に記載して、全員が記名押印することが必要です。

（絶対的記載事項）

- 組合の事業
- 組合の名称
- 組合の事務所の所在地
- 組合員の氏名または名称（法人の場合）および住所
- 組合契約の効力が発生する年月日
- 組合の存続期間
- 組合員の出資の目的とその価額

・組合の事業年度

② 出資金の払い込み

出資金は、組合員がそれぞれ1円以上を出資することで設立できます。出資者は銀行口座にそれぞれの出資金額の全額を払い込みます。また確かに入金があった証拠として通帳をコピーします。これは登記申請の際に必要になります。

③ 組合契約登記申請

LLPの事務所の所在場所を管轄する登記所に申請します。申請の際に提出するものは、以下の通りです。

・有限責任事業組合契約効力発生登記申請書
・LLP契約の原本
・出資の払い込みを証明する書面（出資金を振り込んだ際の通帳のコピーなど）
・各出資者（組合員）の印鑑証明

なお、登記にあたっては6万円の登録免許税がかかります。

④ 諸官庁への届け出

第5章で解説します。

なお、設立に関して、経済産業省の認定や許認可は必要ありません。

◈有限責任事業組合と合同会社の違い

	合同会社	有限責任事業組合
法人格	あり	なし
税金	法人税、所得税	
配当	定款で出資者の配分割合を決められる	組合員全員の同意で配分を決められる
報酬（給与）	可能	不可
株式会社への組織変更	可能	不可

※合同会社は「会社法」に規定のある法人の1つですが、有限責任事業組合は「有限責任事業組合に関する法律」の規定に基づく組合をいう。

有限責任事業組合の登記申請書

有限責任事業組合契約効力発生登記申請書

1. 名　称　　有限責任事業組合○○
1. 主たる事務所　　○県○市○町○丁目○番○号
1. 登記の事由　　令和○年○月○日組合契約の効力の発生

（組合契約書に記載された効力発生日と出資の履行完了日のいずれか遅い日を記載します。）

1. 登記すべき事項　　別添のとおり

1. 登録免許税　　金６万円

1. 添付書類

組合契約書　１通
各組合員の出資に係る払込み及び給付があったことを称する書面　１通
（出資払込金受入証明書若しくは組合員が作成した払込みの全部の履行を称する書面又は財産引継書に該当します。）
印鑑証明書　○通
（契約書に押印したときの印鑑の印鑑証明書）
登記事項証明書　１通
（組合印が法人の場合。申請書に会社法人番号を記載する場合は、左記の代わりに「登記事項証明書　添付省略（会社法人等番号 1111-11-111111）と書きます。）
取締役会議事録　１通
（組合員が法人の場合。当組合員の職務を行うべき者の選任に関する書面として、組合員たる法人の業務執行の決定機関において選任したことを明らかにする議事録等の添付が必要。）
就任承諾書　１通
（組合員が法人の場合に必要です。）

上記のとおり登記申請をします。
令和○年○月○日

○県○市○丁目○番○号
申請人　○○有限責任事業組合
○県○市○丁目○番○号
組合員　○○　㊞
連絡先の電話番号　○○-○○○○-○○○○

法務局　　支　局（出張所）御中

登記すべき事項（別添 CD-R の場合）の入力例

「組合の名称」有限責任事業組合○○
「組合の主たる事務所」○県○市○丁目○番○号
「組合契約の効力が発生する年月日」令和○年○月○日
「組合の事業」
1　○○の開発及び販売
2　○○の経営
3　前各号に附帯する一切の事業
「組合員・清算人に関する事項」
「資格」組合員
「住所」○県○市○丁目○番○号
「氏名」○○○○
「組合員・清算人に関する事項」
「資格」組合員
「住所」○県○市○丁目○番○号
「氏名」株式会社○○
職務執行者　○○
「住所」○県○市○丁目○番○号
「組合の従たる事務所番号」1
「組合の従たる事務所」○県○市○丁目○番○号
「組合の存続期間」令和○年○月○日まで
「解散の事由」○○
「登記記録に関する事項」組合契約の効力発生

会社（法人）設立編 6

■設立手続き⑤

NPO法人と設立手続き

▼ボランティア組織を法人化する場合に活用できる

NPO法人とは

NPOとは「Non Profit Organization」の略で、非営利組織と訳されています。様々なボランティア組織がこれに該当しますが、このうちNPO法に基づいて法人格を取得した団体のことをNPO法人と言います。

法人格を取得しているといってもそもそもの目的はあくまで社会貢献にありますので、儲けるための起業には不向きです。「ずっと地域のボランティア活動をやってきたが、定年退職を機会に本格的に社会貢献に取り組みたい」といった人に向いているやり方です。

NPO法でNPO法人として認められるためには以下のような「公益性のある活動」を行うことが前提となります。また前記に加え、以下の要件も満たす必要があります。

・営利を目的としないこと（給料などの対価を得ることは可。利益分配は不可）

◆NPO法人の活動分野

(1)保健、医療又は福祉の増進を図る活動
(2)社会教育の推進を図る活動
(3)まちづくりの推進を図る活動
(4)観光の振興を図る活動
(5)農山漁村又は中山間地域の振興を図る活動
(6)学術、文化、芸術又はスポーツの振興を図る活動
(7)環境の保全を図る活動
(8)災害救援活動
(9)地域安全活動
(10)人権の擁護又は平和の推進を図る活動
(11)国際協力の活動
(12)男女共同参画社会の形成の促進を図る活動
(13)子どもの健全育成を図る活動
(14)情報化社会の発展を図る活動
(15)科学技術の振興を図る活動
(16)経済活動の活性化を図る活動
(17)職業能力の開発又は雇用機会の拡充を支援する活動
(18)消費者の保護を図る活動
(19)前各号に掲げる活動を行う団体の運営又は活動に関する連絡、助言又は援助の活動
(20)前各号に掲げる活動に準ずる活動として都道府県又は指定都市の条例で定める活動

＊NPO法人のメリット、デメリット

ボランティア組織が法人格を取得することによるメリット、デメリットとしては以下のような点が考えられます。

（メリット）

・団体名で事務所を借りたり、車などの資産を購入したりすることができる。
・参加者の変更などの影響を受けにくくなり、組織としての継続性が高まる
・組織としての社会的信用力が高まり、各種取引がし易くなる

（デメリット）

・社員（総会で議決権を有する者）の資格の得喪に関して、不当な条件を付さないこと
・役員のうち報酬を受ける者の数が、役員総数の３分の１以下であること
・宗教活動や政治活動を主目的としないこと
・特定の公職者（候補者含む）または政党を推薦、支持、反対することを目的としないこと
・暴力団もしくはその構成員の統制の下にある団体でないこと
・10名以上の社員を有するものであること

ＮＰＯ法人の設立手続き

株式会社との大きな違いは出資金関係の手続きが不要なことです。また定款認証や登記申請の際の手数料や印紙代、登録免許税はＮＰＯ法人設立では不要です。

①　基本事項の決定

ＮＰＯ法人は社会貢献が目的の組織ですから、それを踏まえた上での基本事項の検討が必要です。ＮＰＯ法人の事業として認められている20の分野は既に紹介しましたが、基本的にはこれらの中の「どの分野で」、「誰に対して」「どのような事業」を行い、結果として社会に「どのような貢献」ができるのか、といった視点で基本事項を決定します。

同時に通常の会社ではなくて、なぜＮＰＯで始めるのかについても明らかにします。

②　事業計画の検討

上記で決定した基本事項を事業計画として具体化します。その際に明確化すべき事項は以下の通りです。

・事業名
・事業の内容
・実施予定日
・実施予定場所
・従事者数
・受益対象者の範囲
・収入見込み
・支出見込み

③　準備会の発足

ＮＰＯ法人成立のためには社員（正会員な

・法人設立手続きなどの手間と費用や、設立後の新たな備品購入などの費用がかかる
・外部報告義務が発生する

※ＮＰＯ法人の数は増加傾向にありますが、「営利目的ではない」という大前提は変わりません。したがって、ＮＰＯ法人による起業は株式会社などと起業目的が全く違うことを認識すべきでしょう。

どNPO法人の構成員）が10人以上必要です。

賛同者を10人以上集めて、設立に向けたスケジューリングなど具体的な準備に入ります。

④ 設立趣意書・定款の作成

設立趣意書・定款を作って設立総会に備えます。設立趣旨書には、法人を設立しようとするに至った経緯、設立目的、事業内容、法人格が必要な理由などを記載します。

また定款には以下の内容が記載されていなければなりません。

- 目的
- 名称
- 特定非営利活動の種類及び当該特定非営利活動に係る事業の種類
- 主たる事務所及びその他の事務所の所在地
- 社員の資格の得喪に関する事項
- 役員に関する事項
- 会議に関する事項
- 資産に関する事項
- 会計に関する事項
- 事業年度
- その他の事業を行う場合には、その種類その他、当該その他の事業に関する事項
- 解散に関する事項
- 定款の変更に関する事項
- 公告の方法

⑤ 設立総会の開催

設立趣意書や定款など、認証申請に必要な事項を確認します。また役員の選出もここで行います。開催後には議事録を作成します。

⑥ 認証の申請

都道府県（または政令指定都市）に認証の申請を行います。必要な書類は以下の通りです。

- 設立認証申請書
- 定款
- 役員の名簿
- 各役員の就任承諾書及び宣誓書の写し
- 各役員の住所又は居所を証する書面（住民票等）
- 社員のうち10人以上の者の氏名及び住所又は居所を記載した書面
- 確認書（宗教活動・政治活動を主目的としないこと、選挙活動を目的としないこと及

◆NPO法人の設立手続きフロー

①基本事項の決定 ⇨ ②事業計画・資金計画の検討 ⇨ ③準備会の発足 ⇨ ④設立趣意書・定款の作成 ⇨ ⑤設立総会の開催 ⇨ ⑥認証の申請 ⇨ ⑦所轄庁における縦覧・審査（約2カ月間） ⇨ ⑧認証・不認証の決定 ⇨ ⑨設立登記申請 ⇨ ⑩設立登記完了届提出 ⇨ ⑪諸官庁への届出

び暴力団でないことを確認した書面）
・設立趣旨書
・設立の意思の決定を証する議事録の謄本
・設立当初事業年度および翌事業年度の事業計画書
・設立当初事業年度および翌事業年度の収支予算書

⑦ 所轄庁における縦覧・審査

所轄庁に受理されると1カ月間、一般の人に縦覧されます。縦覧が終わると所轄庁による審査が行われ、所轄庁に書類を受理されてから原則として2カ月以内に認証又は不認証が決定されます。

⑧ 認証・不認証の決定

設立の手続、申請書・定款の内容を審査し、認証又は不認証の決定が行われます。不認証だった場合は理由を記した書面が送付されてきます。修正して再申請することもできますが、もう一度縦覧と審査を受けることになります。申請前に所轄庁の担当者に一度相談しておきましょう。

⑨ 設立登記申請

認証後2週間以内に主たる事務所の所在地で、設立の登記を行ないます。登記に必要な資料は以下の通りです
・特定非営利活動法人設立登記申請書
・定款（所轄庁で認証を受けたもの）
・設立認証書
・就任承諾書（人数分）
・登記すべき事項を入力した別添CD-R

⑩ 設立登記完了届提出

設立登記が完了したら、遅滞なく所轄庁に完了届を提出します。

⑪ 諸官庁への届け出

5章で解説します。

＊NPO法人の活動の多い分野

前記の表（166ページ）であげた活動分野のうち、2019年9月末時点での活動の多い分野（定款に記載された活動分野）は、「保健、医療又は福祉の増進を図る活動」、「社会教育の推進を図る活動」、「子どもの健全育成を図る活動」の順となっています。

また定款に記載している非営利活動の分野の数としては、「3つ」が8898法人と最も多くなっており、「1つ」は5562法人となっています。多くのNPO法人が複数の分野で活動中または活動を予定していることがわかります。

▒特定非営利活動法人の設立登記申請書

※以下の書式は、法務省が公表している書式記載例を掲載したものです。

特定非営利活動法人設立登記申請書

1. 名　称　　特定非営利活動法人○○
1. 主たる事務所　　○県○市○町○丁目○番○号

認証書の到達した日を記載してください。

1. 登記の事由　　令和○年○月○日設立の手続終了
1. 登記すべき事項　　別添CD-Rのとおり

登記すべき事項を記録したCD R を提出します（この場合は「別添CD R のとおり」と記載）。もしくは、オンライン申請もできます。

1. 認証書到達の年月日　令和○年○月○日
1. 添付書類

定款	1通
認証書	1通
就任承諾書	○通
委任状	1通

所轄庁は都道府県知事です。事務所が2以上の都道府県に設置されているときは内閣総理大臣になります。

代理人に申請を委任した場合のみ必要です。

上記のとおり登記の申請をします。

令和○年○月○日

※1～※4にはそれぞれ、
※1→主たる事務所、
※2→名称、※3→理事の住所、
※4→代理人の住所、
を記載してください。

○県○市○町○丁目○番○号 ※1
申請人　特定非営利活動法人 ※2

代表権を有する者（資格は理事）を記載します。理事が各自法人を代表する法人は、理事のうち1名の記載で構いません。

○県○市○町○丁目○番○号 ※3
理事　　法　務　太　郎　㊞

法務局に提出した印鑑を押印してください。印鑑の提出については下記をご覧ください。

○県○市○町○丁目○番○号 ※4
上記代理人　法　務　三　郎　㊞

代理人が申請する場合にのみ記載し、代理人の印鑑を押印してください。この場合、理事の押印は、必要ありません。

○○法務局　○○支　局　御中
出張所

定款の記載例　※法人の事情に合わせて作成してください。

特定非営利活動法人○○定款

第１章　総　則

（名称）
第１条　この法人は、特定非営利活動法人○○という。
（事務所）
第２条　この法人は、主たる事務所を○県○市○町○丁目○番○号に置く。
（注）定款に定める主たる事務所の所在地は最小行政区画まででも構いません。ただし、その場合には「○丁目○番○号」まで含んだ主たる事務所の所在場所を理事会等で決定し、当該理事会議事録等を申請書に添付しなければなりません。

第２章　目的及び事業

（目的）
第３条　この法人は、○○に対して、○○に関する事業を行い、○○に寄与することを目的とする。
（特定非営利活動の種類）
第４条　この法人は、その目的を達成するため、次に掲げる種類の特定非営利活動を行う。
（1）○○活動
（2）○○活動
（事業）
第５条　この法人は、第３条の目的を達成するため、次の事業を行う。
（1）特定非営利活動に係る事業
　1　○○事業
　2　○○事業
（2）その他の事業
　1　○○事業
　2　○○事業
2　前項第２号に掲げる事業は、同項第１号に掲げる事業に支障がない限り行うものとし、収益を生じた場合は、同項第１号に掲げる事業に充てるものとする。

第３章　会　員

（種別）
第６条　この法人の会員は、次の○種とし、正会員をもって特定非営利活動促進法（以下「法」という）上の社員とする。
（1）正会員　この法人の目的に賛同して入会した個人又は団体
（2）賛助会員　この法人の事業を賛助する個人又は団体で、理事長が推薦するもの
・（省略）
・

第４章　役員及び職員

（種別及び定数）

第13条　この法人に次の役員を置く。
(1) 理事　○人以上○人以内
(2) 監事　○人
2　理事のうち、1人を理事長、○人を副理事長とする。
(選任等)
第14条　理事又は監事は、総会において選任する。
2　理事長及び副理事長は、理事の互選とする。
3 役員のうちには、それぞれの役員について、その配偶者若しくは3親等以内の親族が1人を超えて含まれ、又は当該役員並びにその配偶者及び3親等以内の親族が役員の総数の3分の1を超えて含まれることになってはならない。
4　監事は、理事又はこの法人の職員を兼ねることができない。
(職務)
第15条　理事長は、この法人を代表し、その業務を総理する。
(注) この定めがある場合には、第14条第1項の規定に基づき、理事の互選により理事長に選定された理事のみが法人を代表し，それ以外の理事は、代表権を有しないこととなるため、理事長に選定された理事のみを「理事」として登記することとなります。
2　理事長以外の理事は、法人の業務について、この法人を代表しない。
3　副理事長は、理事長を補佐し、理事長に事故あるとき又は理事長が欠けたときは、理事長があらかじめ指名した順序によって、その職務を代行する。
4　理事は、理事会を構成し、この定款の定め及び理事会の議決に基づき、この法人の業務を執行する。
5　監事は、次に掲げる職務を行う。
(1) ○○
(2) ○○
・・・・・・
(任期等)
第16条　役員の任期は、○年とする。ただし、再任を妨げない。
2　前項の規定にかかわらず、後任の役員が選任されていない場合には、任期の末日後最初の総会が終結するまでその任期を伸長する。
3　補欠のため、又は増員によって就任した役員の任期は、それぞれの前任者又は現任者の任期の残存期間とする。
4　役員は、辞任又は任期満了後においても、後任者が就任するまでは、その職務を行わなければならない。
(欠員補充)
第17条　理事又は監事のうち、その定数の3分の1を超える者が欠けたときは、遅滞なくこれを補充しなければならない。
(解任)
第18条　役員が次の各号の一に該当するに至ったときは、総会の決議により、これを解任することができる。
・
・

第5章　総　会
(種別)
第21条　この法人の総会は、通常総会及び臨時総会の2種とする。
(構成)
第22条　総会は、正会員をもって構成する。

（権能）
第23条　総会は、以下の事項について議決する。
(1) 定款の変更
(2) 解散
・・・・・・・
（開催）
第24条　通常総会は、毎事業年度○回開催する。
2　臨時総会は、次の各号の一に該当する場合に開催する。
(1) ○○
(2) ○○
・
（定足数）
第27条　総会は、正会員総数の○分の○以上の出席がなければ開催することができない。
・
・

第6章　理事会
（構成）
第31条　理事会は、理事をもって構成する。
（権能）
第32条　理事会は、この定款で定めるもののほか、次の事項を決議する。
(1) ○○
(2) ○○
・
・

第7章　資産及び会計
（資産の構成）
第39条この法人の資産は、次の各号に掲げるものをもって構成する。
(1) ○○
(2) ○○
・
・
（事業年度）
第49条　この法人の事業年度は、毎年○月○日に始まり翌年○月○日に終わる。
・
・

第8章　定款の変更、解散及び合併
第51条　この法人が定款を変更しようとするときは、総会に出席した正会員の○分の○以上の多数による議決を経、かつ、法第25条第3項に規定する以下の事項を除いて所轄庁の認証を得なければならない。
(1) ○○
(2) ○○
・・・・・・・
（解散）
第52条　この法人は、次に掲げる事由により解散する。

(1) ○○
(2) ○○
・
・

第9章　公告の方法
(公告の方法)
第55条　この法人の公告は、この法人の掲示板に掲示するとともに、○○に掲載して行う。
・
・

附　則
1　この定款は、この法人の成立の日から施行する。
2　この法人の設立当初の役員は、次に掲げる者とする。
理事長　　○○○○
副理事長　○○○○
理事　　　○○○○
同　　　　○○○○
・・・
監事　　　○○○○
同　　　　○○○○
・・・
3　この法人の設立当初の役員の任期は、第16条第1項の規定にかかわらず、成立の日から○年○月○日までとする。
4　この法人の設立当初の事業計画及び収支予算は、第○条の規定にかかわらず、設立総会の定めるところによるものとする。
5　この法人の設立当初の事業年度は、第○条の規定にかかわらず、成立の日から○年○月○日までとする。
・
・

(参考)　絶対的記載事項（必ず記載しなければならない事項）
(1) 目的
(2) 名称
(3) その行う特定非営利活動の種類及び当該特定非営利活動に係る事業の種類
(4) 主たる事務所及びその他の事務所の所在地
(5) 社員の資格の得喪に関する事項
(6) 役員に関する事項
(7) 会議に関する事項
(8) 資産に関する事項
(9) 会計に関する事項
(10) 事業年度
(11) その他の事業を行う場合には、その種類その他の事業に関する事項
(12) 解散に関する事項
(13) 定款の変更に関する事項
(14) 公告の方法

登記すべき事項（別添 CD-R の場合）入力例

「名称」特定非営利活動法人○○
「主たる事務所」○県○市○丁目○番○号
「目的等」
目的及び事業
　この法人は，○○に対して，○○に関する事業を行い，○○に寄与することを目的とする。
　この法人は，上記の目的を達成するため，次に掲げる種類の特定非営利活動を行う。
1　○○活動
2　○○活動
　この法人は，上記の目的を達成するため，次の事業を行う。
1　特定非営利活動に係る事業
(1)　○○事業
(2)　○○事業
2　その他の事業
(1)　○○事業
(2)　○○事業
「役員に関する事項」
「資格」理事
「住所」○県○市○町○丁目○番○号
「氏名」法務一郎
「役員に関する事項」
「資格」理事
「住所」○県○市○丁目○番○号
「氏名」法務二郎
「役員に関する事項」
「資格」理事
「住所」○県○市○町○丁目○番○号
「氏名」法務三郎
「資産の総額」金○万円
「解散の事由」○○
「登記事項に関する事項」設立

会社（法人）設立編

7

■設立手続⑥

一般社団法人・一般財団法人と設立手続き

▼比較的簡単に設立できる

一般社団法人と一般財団法人とは

・一般法人と公益法人

２００８年12月に「一般社団法人及び一般財団法人に関する法律」が施行され、一般社団・一般財団法人が設立可能になりました。

これまでの公益法人制度では、社団法人・財団法人に関しては、「法人の設立」と「公益性の判断」を主務官庁が一体的に管理していました。これに対して、新制度では両者を分離し、「法人の設立」は主務官庁の認可を受けず、登記のみで設立できます。

従来の社団法人・財団法人における公益法人は直接設立することが不可能になり、まずは一般社団法人及び一般財団法人を設立後、公益認定申請の手続を行い、認定を受けることで、はじめて公益社団法人・公益財団法人となることができます。

・一般社団法人と一般財団法人

一般社団法人とは、非営利法人の中で、人の集まりに対して法人格を与えるものです。2名以上の人（社員とよばれます）が集まって作れば設立することができます。社員には、普通の人はもちろん、会社等の法人も社員になることが可能です。一般財団法人は、設立しようとする者が、３００万円以上の財産を拠出し、一般社団法人と同じように登記をすることによって設立可能です。

一般社団法人及び一般財団法人が行うことができる事業に制限はありません。そのため、公益的な事業はもちろん、町内会・同窓会・

＊NPO法人との違い

一般社団法人は、同様の非営利法人であるNPO法人が活動分野が定められているのと違い、事業目的について制限を受けません。

またNPO法人が所轄庁における審査資料の作成や長期間の審査期間が必要なのに比べて、一般社団法人には審査はありません。作成する書類が少なくてすむうえ、審査期間もないため、数週間程度で設立が可能であるというメリットがあります。

設立時の構成員もNPO法人が10人以上必要なのに対して、一般社団法人では２人以上で

サークルなどのように、構成員に共通する利益を図ることを目的とする事業を行うこともできます。また収益事業を行うこともできますし、その利益を法人の活動経費等に充てることは何ら差し支えありません。

ただし、あくまでも非営利法人であり、株式会社のように営利（剰余金の分配）を目的とした法人ではないため、定款の定めをもってしても、社員や設立者に剰余金や残余財産の分配を受ける権利を付与することはできません。

なお、財産の集合体である一般財団法人の形態は、本書で紹介しているような起業スタイルには馴染みにくいので、以下は一般社団法人に絞って説明します。

・適している起業分野

一般社団法人による起業が適している分野として考えられるのが、社会が抱える様々な問題を民間の力で解決し、かつビジネスとして収益も継続的に確保していこうとする社会貢献型ビジネスです。これらのビジネスは「ソーシャルビジネス」と呼ばれ、通常の企業が求める事業性とボランティア団体などが求める社会性を同時に実現することを特徴としています。実際に「障害者支援」、「経済的困窮者支援」などを目的とした一般社団法人が数多く設立されています。

一般社団法人の中でも、非営利性を徹底している場合や、共益的事業がメインであり一定以上の非営利性を確保している場合には、「非営利型一般社団法人」という扱いになり、NPO法人等と同様に収益事業以外の所得には課税されないこととなります。

また将来的には公益認定を受けて公益社団法人となることができれば、公益性をよりアピールすることができ、税制面でもより大きな優遇を受けることができます。

一般社団法人の設立手続き

一般社団法人を設立する際の手続の流れは、下図のとおりです。なお基金の払い込みは設

すみます。

なお、設立にかかる費用については、NPO法人は、定款認証や登記申請の際の手数料や印紙代は不要なのに対して、一般社団法人ではこれらが必要になります。

◆一般社団法人の設立手続きフロー

①基本事項の決定
②定款の作成
③定款の認証
④理事および監事等の選任
⑤設立登記申請
⑥諸官庁への届け出

立時の必須の事項ではありませんので、法人設立後に手続することができます。

① 基本事項の決定

名称、主たる事務所、事業目的、設立時社員、基金の額などの基本的な事項を決定します。ここで決定されたことが、次に作成する定款の土台となります。一般社団法人における「社員」とは、会社で言う「従業員」という意味ではなく、社員総会において議決権を有する者を意味します。最低社員数は2名ですが、自然人以外の法人でも社員になることができます。

② 定款の作成

一般社団法人の定款には、次の事項を記載しなければなりません。

・目的
・名称
・主たる事務所の所在地
・設立時社員の氏名又は名称及び住所
・社員たる資格の得喪に関する規定
・公告方法
・事業年度

③ 定款の認証

認証手続は、定款に署名または記名押印をした設立時社員が行います。設立時社員全員が公証役場に出頭して行うのが原則です。この場合、各自が定款に押印した実印と印鑑証明書を持参します。通常の株式会社と同様の収入印紙代、公証人手数料が必要です。

④ 理事及び監事等の選任

定款で理事（及び監事）を定めていない場合は、設立時社員の議決権の過半数で設立時理事（監事を置く場合は設立時監事も）を選任し、また任意で設立時代表理事を決定します（理事会設置一般社団法人の場合は必須）。

なお、これらについて既に定款で定めている場合はこの手続きは不要です。

⑤ 設立登記申請

主たる事務所の所在地において設立の登記を行います。設立登記に必要になるのは下記（下欄参照）の書類です。

⑥ 諸官庁への届け出　第5章で解説します。

＊設立登記に必要な書類
・設立登記申請書
・定款（認証を受けたもの）
・設立時代表理事及び理事の就任承諾書
・設立時理事の印鑑証明書
・登記事項を記録したCD-R
なお、登記では、6万円の登録免許税がかかります。

●第5章／設立後届出編

会社設立後に必要な

運営知識と各種届出

◈本章の項目

取引先などへ案内状を出そう／資金繰りの管理はシビアに行う／取引先の管理は怠りなく／契約では事前に相手と商品の調査をする／債権の回収手段を知っておこう／帳簿がわかれば、業績もわかる／税金対策を怠ると不要な税金を払うことになる

税務署への必要な手続きと届出／年金事務所への必要な手続きと届出／労働基準監督署への必要な手続きと届出／公共職業安定所への必要な手続きと届出／営業許可などの役所への申請手続きと届出／金融機関への必要な手続きと届出

設立後
会社運営編

1

■起業したことのアピール

取引先などへ案内状を出そう

▼元会社の同僚や友人・知人で応援してくれそうな人に出す

起業したことの案内状

起業を決意して会社を退職したら、これまでの取引先に以下の内容を盛り込んだ案内状を出しましょう。

・何月何日付で会社を円満退職したこと
・在職中にお世話になったお礼
・現在起業に向けて準備中であること（できるだけ具体的な事業内容を入れる）
・起業後も継続してお付き合いして欲しい旨のお願い

また特にお世話になった取引先や起業後も実際にビジネスにつながりそうな取引先に関しては案内状だけではなく、なるべく直接挨拶に行きましょう。

そして会社登記も完了し実際に開業する日時が確定したら、再度以下の内容を盛り込んだ案内状を出します。

・社名、屋号など
・開業日時
・事務所やお店の場所
・電話番号などの連絡先
・事業内容詳細
・今後もお付き合いして欲しい旨のお願い

開業当初はこれまで付き合いのあった取引先が何かと頼りになるものです。挨拶状は必ず出すようにしましょう。

なお、小売店や飲食業を開業する場合は、正式な開業日の前に、実際に取引先や顧客になってくれそうな人を招いてお披露目の会を行うのも効果的です。その場合には案内状に

＊案内状の効果

あなたが50人に挨拶状を出したとします。そして、受け取った人が自分自身だけでなく、その人独自の人脈50人も使ってあなたへの支援の可能性を考えてくれたとしたら、あなたは一挙に2500人の人脈を活用したに等しいことになります。その中には直接的な取引先候補や、同業種の先輩としてアドバイスをくれる人がきっといるはずです。

その旨も記載しておきましょう。

友人・知人への案内も忘れずに

取引先だけではなくプライベートな友人・知人にもできるだけ案内状を出すようにしましょう。自分のビジネスに直接に関係なさそうな友人でも、その友人が取引先を紹介してくれる可能性もあります。起業すればこの先何十年も「取引先探し」が続くことになります。これまでの人脈は最大限に活用しましょう。

また案内状によってあなたの起業を知った友人から、励ましの声をもらうこともあるでしょう。これだけでも起業したての不安な時期には大変心強いものです。

案内状の例

拝啓　時下ますますご清祥のこととお慶び申し上げます

さて、このたびかねてより準備して参りました自然食料理店「大地」を開業する運びとなりました。これもひとえに皆様方のご協力のおかげと深く感謝しております。

つきましては開業に先立ち、お世話になりました皆様方に感謝の念をお伝えするため、ささやかながらお披露目の会を開きたく、ご案内申し上げます。なにとぞご出席賜りますよう宜しくお願い申し上げます。また、今後ともご指導ご鞭撻を賜りますよう、重ねてお願い申し上げます。

敬具

日時　令和●●年●月●日（金）
　　　午後7時～
場所　自然食料理店「大地」
　　　東京都新宿区……
電話　03-××××-××××

設立後
会社運営編
2

■資金繰りについての事前知識

資金繰りの管理はシビアに行う

▼月々の現金収入と支出を常に把握しておくこと

最悪、黒字倒産もある

たとえば、１００万円の商品を仕入れて、１２０万円で販売するとします。計算上儲けは20万円出ますが、問題はその時期です。もし、販売代金を回収できるのが3月末で、仕入れ商品の支払いの決済が2月末だとすると、手持ちの資金の中から持ち出しで仕入代金の１００万円を支払わなくてはなりません。１００万円が用意できなければ、いくら売上げがあったとしても、資金が尽きることになります。このように資金が底を尽いた状態を資金ショートと言います。もし手形を振り出していれば、いわゆる「不渡手形」を出すことになります。これが「黒字倒産」の原因です。

個人向けの現金商売は別として、取引先との決済は通常、受取りも支払いも数か月後になるのが普通です。先の例は受取までの期間（受取りサイト）よりも支払いまでの期間（支払いサイト）が短い場合に起こります。「受取りサイトは短く、支払いサイトは長く」、これが資金繰り管理の原則です。

資金繰り表で計画的な管理を行う

とはいえ、取引先との関係もあり、すべての取引で前記の原則を守ることはできません。そこで、個別の取引ごとではなく、全体として資金を管理する必要が出てきます。このとき使うのが資金繰り表です。

資金繰り表にはその目的に応じていくつか

＊資金繰り例

次ページの表の例では、4月は手元に60万円の運転資金を持ってスタートしています。

この月は買掛金支払いなどの支出が大きく、営業収支は85万円の赤字になっています。手持ちの運転資金の60万円だけでは足りません。

そこで新たな１００万円の借入れを行って、これを乗り切っています。もしこの時借入れをすることができなかったら、この会社は資金不足で倒産の危機に瀕したことになります。

つまり前月からの繰

の種類がありますが、ここではその中でも基本的なものを紹介します。

　この資金繰り表は大きく「営業収支」と「財務収支」に分かれています。営業収支は実際の事業を通じた資金の動きを示します。一方、財務収支は主に銀行からの借入れや返済による資金の動きを示します。

資金繰りショートは一発KO負け

　会社が安定的に成長していくためには、決算が基本的に黒字を維持していなくてはなりません。しかし、黒字基調が続いていても資金繰りの管理を間違うと、黒字倒産になりかねません。会社経営のたとえに「会社の損益管理は野球、資金繰りはボクシング」というものがあります。

　損益管理はたとえマイナスの月があっても年間でそれを上回るプラスがあれば、決算は黒字になります。また、仮に赤字決算であっても、次の期で挽回することも可能です。一時的にリードを許していても逆転できる野球と同じです。

　しかし、資金繰りのミスはそうはいきません。毎年黒字決算を行っている会社でも、たった一度でも資金ショートを起こしてしまうと、一発KO負けの再起不能になります。野球と違い、逆転の余地はないのです。

資金繰り表のサンプル

		4月	5月	6月
前月繰越		600,000	450,000	690,000
収入	現金売上	500,000	700,000	600,000
	売掛金回収	1,300,000	1,500,000	1,600,000
	受取手形期日落ち	500,000	600,000	500,000
	その他			
	収入合計	2,300,000	2,800,000	2,700,000
支出	現金仕入	600,000	500,000	400,000
	買掛金支払	1,500,000	1,000,000	900,000
	支払手形決済	600,000	300,000	400,000
	人件費	400,000	400,000	400,000
	販売管理費等	50,000	60,000	80,000
	支払利息			
	その他			
	支出計	3,150,000	2,260,000	2,180,000
営業収支差引		-850,000	540,000	520,000
収入	借入	1,000,000		
	手形割引			
	その他			
	財務収入計	1,000,000	0	0
支出	借入金返済	300,000	300,000	300,000
	その他			
	財務支出計	300,000	300,000	300,000
財務収支差引		700,000	-300,000	-300,000
当月収支		-150,000	240,000	220,000
次月繰越		450,000	690,000	910,000

越金と合わせて営業収支が赤字にならないようにすることが第一ですが、赤字になりそうな場合は、銀行などから借入れの確約をとっておくことが重要です。

取引先の管理は怠りなく

取引先の倒産や顧客の支払遅延に注意する

取引先管理は広い意味で捉える

取引先は仕入先であれ、販売先であれ、あなたの会社に重要な影響を及ぼします。ずっと「なあなあの関係」で付き合ってきた販売先が突然倒産して、売掛金の回収ができなくなったり、仕入先が倒産して商品調達ができなくなったり、といったことはいつでも起こりえるケースです。

また取引先の経営状況に問題がなくても、長年付き合ってきた大口販売先から突然、「あなたの会社の商品は高いからもう取引しない」と通告される可能性もあります。

このように取引先管理とは単に取引先の経営リスクを管理するというだけではなく、今後も取引先と長期的に関係を維持できる状態になっているか、言い換えれば「取引することが双方にとってメリットのある関係になっているか」を常に確認しておくことなのです。

例えば、大口の販売先などは、自社の商品が本当に満足してもらえているかをきちんと把握しておくことで、突然の取引停止などに陥らずに済みます。

＊取込み詐欺
商品を仕入れて、代金を支払わずに行方をくらますのが取込み詐欺です。代金の一部は支払うもの、不渡りになる手形を振り出すものなどもあり、数人で共謀している場合もあります。

少なくとも3つ以上の取引先を確保する

とはいえ、いくら気を付けていても取引先が突然倒産したり、取引を停止されたりすることは起こり得ます。

たとえば自社の販売先が1つしかなく、その販売先が倒産したら、たちまち連鎖倒産の危機に陥ります。

このようなリスクをできるだけ少なくするため、販売先にしろ仕入れ先にしろ、少なくとも3社以上の取引先を確保しておきたいところです。取引量も１社に偏ることなく、できるだけ分散している方が、万一の時のダメージは少なくて済みます。このように取引先の管理とは個々の取引先毎の管理だけではなく、自社の取引が、１社偏重で危険なものになっていないかなど、取引構造全体を管理することでもあるのです。

取引に関する最低限の法的知識を持つ

またいざという時のために、契約書、債権といった取引に関する法的知識を身に付けましょう。たとえば契約書にきちんと残しておかなかったばっかりに大きな損失を被ったというのはよく聞く話です。

逆に自分では正式に契約したつもりなど全くない口約束でも、相手から正式な契約行為があったと指摘されれば、それに従わざるを得ないこともあります。

世の中には最初から悪意を持って近づいてくる業者も存在します。起業したからにはそのような業者とも対等に渡り合っていかなければなりません。そのためには取引に関する知識を持ち自分の身を守ることが大切です。

手形管理に要注意

商取引の世界では、現金支払いではなく手形や小切手による支払いがしばしば用いられています。しかし、手形（あるいは先日付小切手）は現金支払いと違い、手形記載の支払日にしかお金になりません。

その間に手形振出しの企業が倒産すれば手形は不渡りとなります。対策としては、おかしいと思われる企業からは、手形ではなく現金で支払ってもらうことです。また、手形を悪用した取込み詐欺などありますので、取引に先立ち相手を調べておくことも大切です。

＊手形のパクリ
典型的な例は、資金繰りに困っている人が、融通手形（お互いが手形を振出して、その手形を割り引いて現金化する）を振り出し、相手は現金化するのですが、自分がもらった手形は不渡りとなるというものです。
結局、相手からもらった手形は不渡りで一文にもならず、自分が振り出した手形の支払いが残ることになります。

設立後
会社運営編
4

■取引きと契約についての事前知識

契約では事前に相手と商品の調査をする

▼いったん契約すると取り消すことは難しい

契約は口頭でも成立する

事業を始めれば取引先と様々な契約を結ぶことになります。たとえば「月末までに商品を１００個納品するので、翌月末に代金として50万円を払ってください」といった具合です。この時、契約書などを作成していなくとも、双方の合意があれば契約は成立します。

たとえば、契約後に「仕入れに予想外の費用がかかってしまい、とても50万円の代金では足りない」ことがわかったとしても、先方の同意なしに契約は変更できません。

「口頭でも契約は成立する」ことを肝に銘じ、取引条件を話し合う時には、細心の注意を払うことが必要です。

契約書の書き方

前述のように契約は口頭でも成立しますが、「言った、言わない」のトラブルを避けるために契約書をきちんと作っておくと安心です。トラブルがあったときに、契約書が「契約があったこととその内容」を証明する有力な手段となります。

では契約書にはどのような記載が必要なのでしょうか。実は契約書の作成にあたっては、特にこのように書かなければいけないといった決まりはありません。しかし、トラブルになった時に証明したい事項は記載しておかなければなりません。契約の種類にもよりますが、先に挙げたような売買契約の場合、最低

＊実印と認印
印鑑には実印と認印（三文判）があります。実印は役所に印鑑登録をしてあるので、トラブルがあったときに「確かに○△社の実印が押されている」と証明することができます。しかし認印でも印鑑としての機能・効力は十分に果たしますので、軽々しく扱うことはできません。

限以下の内容は記載しておくべきでしょう。
・対象となる商品の特定（売買する商品名、数量など）
・商品引き渡しの方法と時期（先方にいつまでにどのような方法で納品するか）
・代金の額と支払時期、支払方法（消費税の扱いなども含めた正確な金額、支払時期、入金口座などの明示）
・売主と買主の名前

会社としての契約

取引相手が法人であり、こちらも法人として契約する場合には、双方の名前の欄に以下のような記載が必要になります。
・会社名
・代表資格（代表取締役という肩書き）
・代表者名

印鑑の持つ意味

法律上は署名だけでも契約書は成立します。「まだ捺印していないから契約書としては不完全」と思って、作成した契約書の管理を怠ってはいけません。

捺印（押印）はすでに法的に有効である契約書の効力を増すために行うものです。

売買契約書の例

機械売買契約書

株式会社○○工業（以下甲という））と株式会社○○商店（以下乙という）とは、機械の売買に関し次のとおり売買契約を締結した。

第1条（目的）　甲は後記機械（本件機械という）を売り渡し、乙はこれを買い受ける。

第2条（売買代金）　本件機械の売買代金は、工事費を含み総額金○○円とし、乙は甲に対し、次のとおり支払う。

(1)　本契約締結と同時に手付金として金○○円

(2)　令和○○年○月○日までに、乙の工場に本件機械を据え付け、引渡しと引換えに残額金○○円

第3条（保証）

(1)　甲は乙に対し、本件機械が仕様書記載の品質・性能を有することを保証し、前条2の引き渡しの日から1年間は、無償にて保守および修理を行う。ただし、乙の操作の誤りに基づく故障については、甲は乙に対し修理等の実費を請求することができる。

(2)　本件機械が仕様書記載の品質・性能を著しく欠き、又は故障が頻発する等乙の業務に支障があるときは、乙は本契約を解除し、すでに支払った代金の返還及びこれによる損害の賠償を請求することができる。

第4条（協議）　本契約に定めのない事項及び疑義が生じた事項については、甲乙協議のうえ決定する。

―当事者および機械の内容の表示略―

設立後
会社運営編

5

債権の回収手段を知っておこう

■債権回収についての事前知識

▼商品が売れても代金の回収ができなければ意味がない

代金を回収するまで安心できない

債権をきちんと回収することは非常に大切なことです。先に説明したように、利益が出ているのに会社が潰れる「黒字倒産」の原因の多くは、売掛金をはじめとする債権を予定どおりに回収できないことによります。

このような事にならないように、契約書をきちんと取り交わしておくことが大切です。

しかし、契約書を交わしていても取引先が代金を支払ってくれないこともあり得ます。

もしそのようなことが起こったら、できるだけ早く相手にその理由を確認します。その理由に納得がいかない場合は、法的手段も辞さないという強い態度が必要です。

法的手段にはいくつかの方法がありますが、時間も含めた費用対効果を考えると、支払督促の申立て、少額訴訟などが現実的です。

支払督促を行う

支払督促とは、裁判所が債務者に対し「お金を債権者に支払いなさい」と督促してくれる制度のことです。債権者が申立書（所定の用紙が簡易裁判所にある）を裁判所に提出すれば、裁判所書記官が書類審査するだけで支払督促が発布され、債務者に送達されます。

それでも、債務者が支払督促に応じずに、かつ2週間以内に何らの異議申立てがない場合、債権者は仮執行宣言の申立てができます。

このように簡単な手続きで済むため、支払

＊仮執行宣言とは

仮執行宣言付支払督促が送達されてから2週間以内に債務者から異議申立てがない場合、支払督促が確定します。

仮執行宣言が付されると直ちに強制執行することのできる効力が付与されます。これは確定判決と同じ効力を持つため、覆すことはできません。

仮執行宣言付支払督促の送達後、債務者から異議申立てがあった場合は訴訟へ進むことになります。

督促は債権回収の最初の法的手段としてよく用いられます。

少額訴訟を行う

少額訴訟制度とは60万円以下の金銭請求事件に限定して、簡易裁判所で提起できる簡略な訴訟手続きのことです。

通常の訴訟に比べて時間や費用を大きく節約できるというメリットがあります。

少額訴訟制度では1日だけの審理で、その日のうちに判決を出すことを原則としています。原告が勝訴した場合には、ただちに強制執行が可能となる仮執行宣言がなされます。

なお、少額訴訟では原則1日だけの審理で判決が下されるため、あらかじめ勝訴が明確と言えるだけの証拠をきちんと揃えておく必要があります。

債権額が高額な場合には、少額訴訟などの本人訴訟は無理で、やはり弁護士に頼んだ方がよいでしょう。というのは、相手に回収するだけの資産が残っているのか、あるとしたらどう回収するのか（仮差押えなど）など、債権回収の専門的なテクニックがあるからです。こうしたときのために役所の法律相談などを通じて、気に入った弁護士を探しておくとよいでしょう。

日頃からの取引先管理が最も大切

ここで紹介した支払督促や少額訴訟は通常の訴訟に比べて簡単とはいえ、できれば使いたくない最後の手段です。このような手段を講じなくても済むように、日頃から取引先とコミュニケーションを密にして先方の状況を把握しておくことが重要です。

また、法的手段をとる場合があることを想定し、その場合にできるだけ迅速に進められるように、口頭契約ではなく、きちんと契約書を作成しておくことも大切です。

＊債権回収と費用
債権回収では、そのための費用も考慮しなければなりません。
最終的な回収の手段は、訴訟ということになりますが、弁護士に依頼すれば、訴訟費用の他に弁護士費用も必要になります。
弁護士費用については、報酬規定が廃止され、各弁護士（法人）が定めることができることになっていますので、依頼する弁護士と相談しましょう。
50万円の債権の回収で60万円の費用がかかったとしたら、経済的なメリットはありません。

設立後
会社運営編

6

■経理についての事前知識

帳簿がわかれば、業績もわかる

▼税務署のためではなく、業績を知るためにつける

会社の経理とは何か

　会社では、常に「ヒト、モト、カネ」が動き回っています。このうち、「モノ、カネ」の動きを管理することが経理です。簿記といわれる帳簿を記録するときのルールに従って、毎日発生するモノやお金が取引によって、出たり、入ったりする動きを記録します。商品を売買したり、給与を払ったり、借金をしたときの取引内容をわかりやすくまとめるために、勘定科目という決められた取引の名前で分類していきます。これによって、いつ、どのような理由で、いくらのお金が動いたのかが、日次、月次、年次の単位で分かるのです。

　経理を知るということは、過去の取引の記録を把握するだけではありません。過去の状況をもとに将来の計画を立てることでもあります。これまでに販売した商品ごとの売上実績をもとに、今後の商品の仕入量を見直したり、原価や経費の実績をもとに、販売価格を変更したり、あまった在庫に応じて値引きキャンペーンを行うときなどにも、経理の情報が役に立つのです。また昨年の月次の売上推移をもとに、売上の少ないシーズンの資金手当を早めに行うこともできます。

　起業家の中には、経理は税金を払うために行うものと考え、面倒だからと決算まで、後回しにすることがあります。実際には「経理に始まって経理に終わる」といわれるほど重要であり、経理の知識なしには思い切った経営はできないことを肝に銘じるべきです。

※現状を数値で把握する

　事業を継続していくためには常に現在の経営状況を把握しておくことが重要です。そして現状を数値面から把握するための最初の一歩が、仕訳や元帳の管理ということになります。

　これらについて「必要性は認識しているけれど、営業などに追われてなかなか手がつけられない」という人もいると思います。しかしそれを放っておくと会社のお金がどうなっているのかが全くわからなくなってしまいま

1 仕訳・元帳の付け方と決算書

仕訳帳と総勘定元帳

経理は、日々発生する取引結果を日付順に記録していくことからはじまります。日付、勘定科目、取引金額を、入ってきたものと出て行ったものそれぞれについて記入していきます。これを仕訳といい、仕訳を記録した帳簿を仕訳帳といいます。仕訳帳では、家計簿と異なり、お金の出入りだけでなく、原材料や仕入れた商品、機械や看板、預けた保証金などの財産の増減についても記録をします。

そして、仕訳した内容を、売上高、原価、給与、借入金などの勘定科目ごとに分類した帳簿を作成し、これまでの取引内容の総まとめを閲覧できるようにします。この帳簿を総勘定元帳といいます。

総勘定元帳の内容は、決算期ごとに集計され、1年間の活動結果を決算書としてまとめます。そして決算書の内容をもとに税務申告を行います。

現在では、様々な会計ソフトが市販され、帳簿を付けるといっても、実際にはパソコンで仕訳を行う会社がほとんどです。仕訳内容を入力すると、あとは自動的に総勘定元帳から決算書までが作られるようになっています。

貸借対照表・損益計算書

会社の1年間の活動をヒト・モノの動きであらわす決算書は、貸借対照表と損益計算書の2種類の表からなっています。

「貸借対照表（たいしゃくたいしょうひょう）は、B／S（バランスシート、ビーエス）ともいわれ、企業の一定時点における財政の状況を把握する表です。損益計算書（そんえきけいさんしょ）は、企業の一定期間における

す。これでは「儲かっていると思っていたが突然資金がショートする」といった緊急事態を招きかねません。

このようなリスクをできるだけ小さくするためにも、損益計算書や貸借対照表、資金繰り表といった分析ツールを使って、常に先読みしながら経営していく必要があります。

経営成績を把握する表で、P／L（ピーエル）ともいわれます。

〔貸借対照表とは〕

　経営活動を行う中で、どれだけの資金を調達し、その資金からどれだけの資産が手元に残ったのかを一覧であらわします。〔表１〕のように現時点で保有する「資産」を左側、借入や買掛金など返済義務のある調達資金「負債」と、返済義務のない調達資金を「純資産」を右側に記載します。

〔損益計算書とは〕

どれだけの収益を上げて、そのためにどれだけの費用を使い、その結果、いくらの利益を得られたのかをあらわします。〔表２〕のように、収益、費用、利益を記載します。

〔表 1・貸借対照表のしくみ〕

資産	負債
	純資産

資産＝現金、預金、土地、建物、商品等が資産となります。

負債＝借入金、買掛金、未払金などが負債となります。

純資産＝資本金、資本剰余金、利益剰余金などが純資産となり、資産から負債を引いた金額になります。

〔表 2・損益計算書のしくみ〕

費用	収益
利益	

収益＝売上高のことです。

費用＝仕入原価、給与、経費などのことです。

〔法人税の課税所得の計算〕

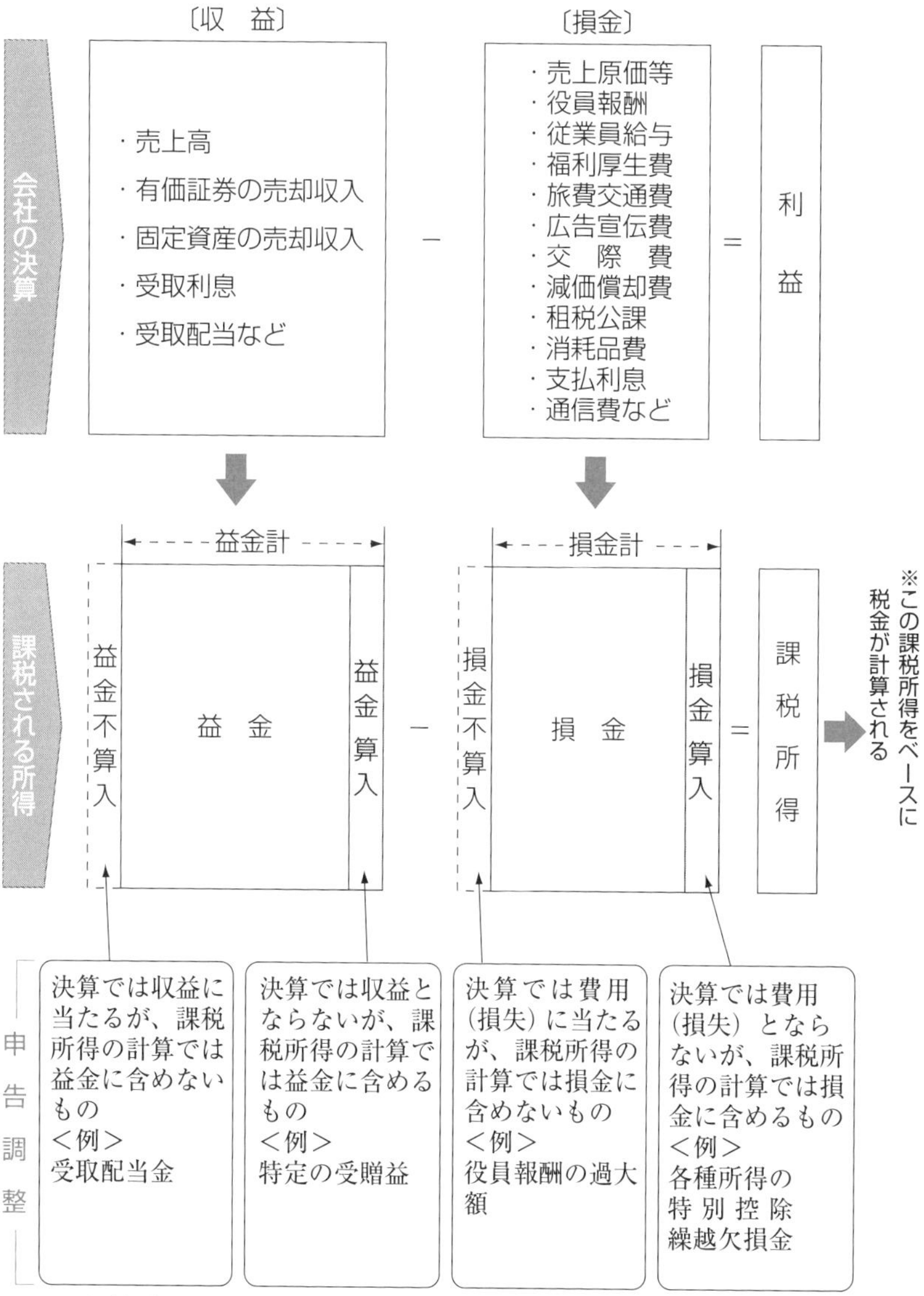

※この課税所得をベースに法人税・法人住民税・法人事業税・地方法人特別税が課税されます。このうち、法人税率については中小法人の場合、課税所得額が年800万円以下の部分については15％（適用除外事業者は19％）、それを超える部分については23.2％となっています。税金の詳細については税務署等でご確認ください。

2 決算報告を行う

決算とは一会計年度の報告書

決算とは、企業がカネやモノの点で一会計年度にどのような動きをしたかを記載し、示すことです。これが記載されたものを決算（報告）書などといいます。

決算の仕方は、以下のとおりです。

通常は1年で決算を迎える会社がほとんどですが、設立の場合は、設立の日から1年以内に決算を迎えることになります。

決算手続きの流れ（フロー）については、次ページの図を参照してください。

決算に必要な書類

決算には、次の書類が必要です。これらをまとめて決算書類といいます。

①貸借対照表

会社の一定時点（通常は決算日）における資産、負債、純資産の状況を示す書類

②損益計算書

会社の一定期間（通常は期首から期末までの一年間）の売上、費用、利益の状況を示す書類

③株主資本等変動計算書

純資産を「資本金」「資本剰余金」などの項目に分け、新株発行や剰余金の配当などによって、純資産がどのように変動したかを示す書類

④注記表

貸借対照表、損益計算書、株主資本等変動計算書の内容を補足的に説明するために作られる書類

またこれらの計算書類以外に、一会計年度に行った営業を報告する「事業報告」や「附属明細書」が必要です。

＊現金主義と発生主義

会計の基本的な考え方に次のような現金主義と発生主義があります。

現金主義…現金の出入りがあった段階で帳簿に記入するもの

発生主義…経済的事実が発生した段階で帳簿に記入するもの

たとえば、売掛金について発生主義では売掛金が発生した時点で帳簿に記載し、現金主義では売掛金が現金化した時点で帳簿に記載することになります。

現金主義の方がシンプルでわかりやすい感じがしますが、たとえば1か月後に多額の買掛金支払期日が来て、資金繰りが懸念されることが分かっていても、現時点においては現金主義ではそれは表面化

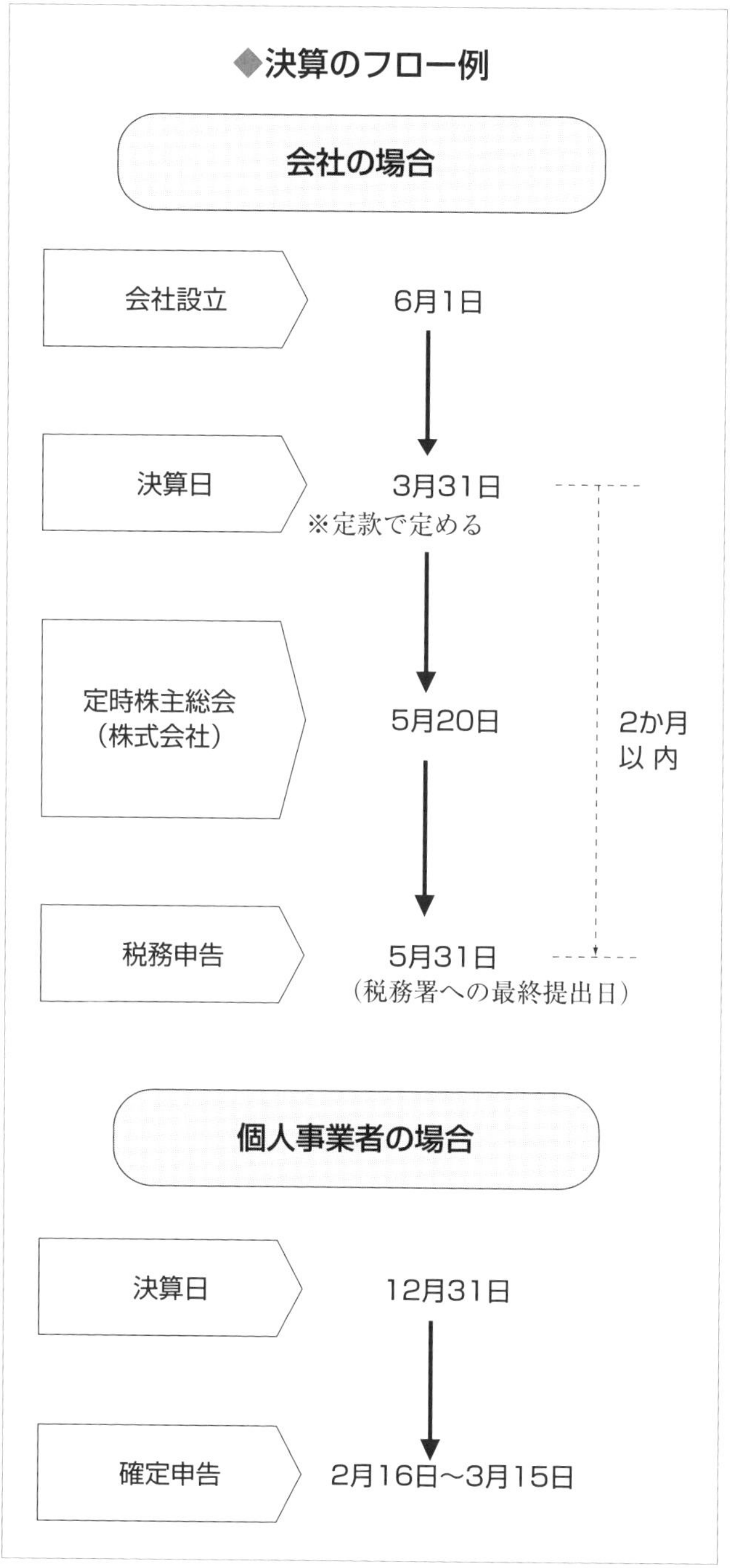

計算書類の提出

計算書類については、取締役会の承認を得て、定時株主総会に提出することになります（取締役会を置かない会社については、取締役会の承認は不要）。

これらの総会で、決算が確定し、この確定した決算に基づいて、税務署に確定申告することになります。

しません。

そのため毎年の決算は、発生主義に基づいて行う方が実態を正しく把握することができます。

設立後
会社運営編

7

■税務についての事前知識

税金対策を怠ると不要な税金を払うことになる

▼税金対策は必要経費や各種の控除を活用することから

会社の税金の基本を理解する

事業を運営していくと様々な税金が発生しますが、最も代表的な税金として法人税があげられます。法人税は企業会計でいう「利益」ではなく、税務上の「課税所得」を基準に課税されます。

また、その他の主な税金に「法人住民税」「事業税」「特別法人事業税」などがあります。これらの税金の計算は、法人税の計算と連動して行われます。

さらに課税売上高が１０００万円を超える法人は、消費税も支払う必要があります。消費税の計算は、法人税の計算とは切り離して行われます。

個人事業主の場合は会社ではありませんので、法人税ではなく、所得税を支払うことになります。サラリーマン時代には会社から給与として給与所得を得ていましたが、独立して自ら事業を行い得る収入ですので、事業所得と呼ばれます。

給与所得との一番の違いは、必要経費を控除した額が課税対象となる点です。

また、法人住民税については法人ではありませんので関係ありませんが、個人としての住民税は、従来どおり支払います。事業税については個人事業税という税金が発生します。これらは事業所得に連動して計算されます。消費税については、法人と同様の基準で支払うことになります。

以上のことから、法人においては法人税と

■主な税金一覧

法人にかかる主な税金	法人税、法人住民税 事業税、特別法人事業税、 消費税
個人事業主にかかる主な税金	所得税、住民税 個人事業税、消費税、復興 特別所得税

消費税、個人事業主においては所得税と消費税の計算方法を理解することが特に重要になります。

専門家に任せきりにしない

ここまで読むと、多くの人が税務は複雑でやっかいだと思うでしょう。中には税務は税理士などの専門家に任せて、自分は本業に集中したいという人もいるでしょう。しかし、できる範囲で経営者自身が対応した方がいいと思います。

なぜなら、税務申告やその土台となる毎日の経理を経営者自身で行うことにより、会社の資金的な状態が実感をもって把握できるようになるからです。そして結果として経営者としての管理能力が大きく向上していきます。

また事業規模が小さいうちは、専門家に支払う費用もばかになりません。

仕方なく専門家に任せる場合でも、任せきりにせず、内容を理解するように努めましょう。

青色申告適用事業者になる

個人事業でも会社組織でも、なるべく青色申告者になるようにしましょう。青色申告には、税務上特別控除枠が設けられるなど、様々なメリットがあります。青色申告者のメリットは、税務的に有利であるだけではありません。青色申告者は毎日の取引をきちんと記帳し、その帳簿に基づいて所得計算を行っているため、会社の経営状態が常に把握できるという大きなメリットがあります。

何度も繰り返し述べていますが、会社の状況を常に正確に把握しておくことで、困難を素早く察知して、早め早めの手を打つことができるのです。

青色申告の主なメリット

青色申告者のメリット	白色申告の場合
青色申告特別控除 ・複式簿記の記帳者　…65万円 ・その他　…10万円	適用なし
専従者給与の必要経費算入（専従者控除） 生計を一にする配偶者や親族が事業に従事している場合、その親族に支払った場合の給与は、全額必要経費とすることができる。	配偶者…86万円 その他…50万円 が限度
純損失の繰越・繰戻控除 赤字になった場合、翌年以降、法人は10年間、個人事業主は3年間の利益から控除することができる。	原則不可

1 法人税・所得税の基礎知識

法人税額はこうして決まる

法人税額は、「課税所得×税率」で決定されます。課税所得の額は以下の式で算出します。

課税所得＝売上－（原価＋費用）－控除

見ておわかりのとおり、計算式は損益計算書の利益の出し方に近いのですが、課税所得と利益は完全には一致しません。例えば損益計算書では費用と認められている交際費は、課税所得を計算する上では一定の限度額までしか認められていません。したがって、限度額以上の交際費を使っている場合は、利益よりも課税所得の方が大きくなります。

税率については、原則23・2％となっていますが、中小法人の場合、課税所得の800万円以下の部分は15％（適用除外事業者19％）、それを超える部分は23・2％の税率が適用されます。

＊会社が赤字の時の税金

会社が赤字の時でも法人住民税の「均等割部分」の税金は必要です。法人住民税は法人税額に応じて決まる「法人税割部分」と、資本金の額や従業員数によって一律に課税される「均等割部分」にわかれます。均等割部分については所得の大きさに関係なく、支払う必要があります。

個人事業主の所得税はこうして決まる

個人事業主の所得税は「課税所得×税率」で決定されます。

なお、他の所得（利子や配当など）がある場合はそれぞれの所得の種類別に所得計算しますが、ここでは事業所得のみについて述べます。

課税所得の額は以下の式で算出します。

課税所得＝収入－（原価＋費用）－控除

計算式は法人とほぼ同じですが、個人事業主の場合は、以下のような特徴があります。

・交際費は業務の遂行上直接必要であったことが認められれば、全額費用に参入できる

・医療費や生命保険料などさまざまな控除が認められている税率については、法人のよ

うに一律ではなく、金額が大きくなるほど税率があがる「超過累進税率」（下欄参照）が適用される。

下記の累進税率表からもわかるように、900万円を超える部分の税率は法人税の基本税率（23・2％）よりも高くなっています。個人事業主の事業規模がこのクラスに達した場合は、法人化による節税効果についても検討しましょう。

確定申告の仕方

法人の場合、決算日から2か月以内にその事業年度の所得金額を算出し、その所得金額または欠損金額、および法人税額等を記載した確定申告書を、所轄の税務署長に提出します（確定申告）。税金の納付もこの期間内に行います。

なお、欠損金が生じた事業年度が、青色申告書を提出した事業年度であるときは、その欠損金は繰り越して、翌事業年度以後の10年間に生じた所得から控除されることになっています。

これを青色欠損金の繰越控除といい、前述の青色申告の手続きをしておけば、控除が認められます。

また、事業年度の期間が6か月を超える会社は、期首から6か月を過ぎた日から2か月以内に、申告書を提出しなければなりません（中間申告）。なお、中間申告の納付額が10万円以下の場合には、中間申告する必要はありません。

個人事業主の場合は、毎年2月16日～3月15日が、前年度分の確定申告書と納税の期間となっています。

また、個人事業主であっても青色申告の手続きが完了していれば、繰越欠損控除の適用は受けられます（個人事業主の場合は3年間まで）。

超過累進税率表（個人事業など所得税一般）

課税所得額	税　率	控除額
～195 万円以下	5％	—
195 万円超～330 万円以下	10％	97,500 円
330 万円超～695 万円以下	20％	427,500 円
695 万円超～900 万円以下	23％	636,000 円
900 万円超～1,800 万円以下	33％	1,536,000 円
1,800 万円超～4,000 万円以下	40％	2,796,000 円
4,000 万円超～	45％	4,796,000 円

2 消費税についての基礎知識

消費税の仕組み

消費税は、ほとんどの商品やサービスの消費に対して課税される間接税です。最終的には消費者が税金をすべて負担しますが、実際に納税するのは生産・流通・小売段階の事業者です。

課税対象となる商品は通常、卸、小売などの複数の流通段階を経るため、そのまま課税すると2重、3重に課税されることになります。

そこで、各事業者は以下の金額を納付することになっています。

（売上にかかる消費税額）－（仕入で支払った消費税額）

事業者免税点制度

消費税は、基準期間（個人事業主であれば前々年、法人であれば前々事業年度）の課税売上高が1000万円以下の事業者は原則として納付が免除されています（事業者免税点制度）。

課税売上高は以下の式で算出します。

消費税が課税される取引の売上金額（消費税額を除く）－その取引の売上返品、売上値引、売上割戻金額（消費税額を除く）

なお、事業者免税点制度の判定は、基準期間の課税売上高だけでなく、前年または前事業年度の上半期の課税売上高によっても行われます。これにより、課税売上高が上半期で1000万円を超える事業者は、翌年または翌期から課税されることになります。

申告の仕方

■消費税の仕組み

◆小売店が2000円で卸売店から仕入れた商品を、消費者が3000円で購入した場合

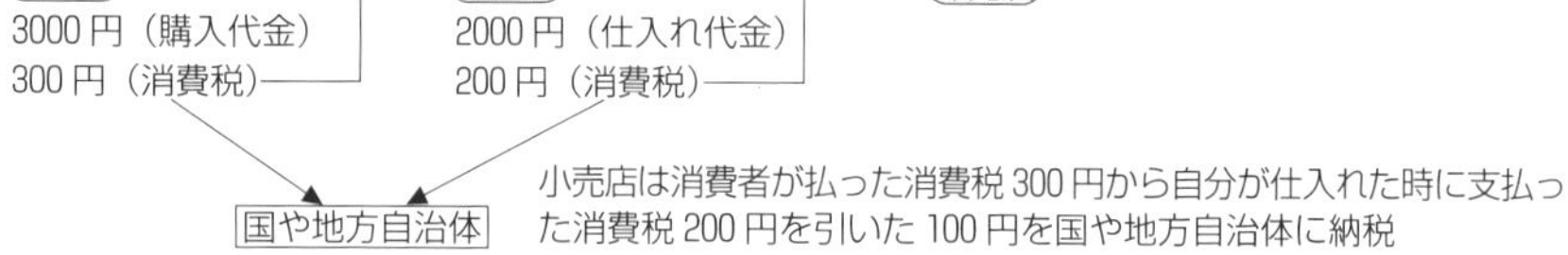

消費税の課税事業者は、課税期間の終了の日の翌日から2か月以内に課税標準額等を記載した確定申告書を税務署長に提出します。消費税の納付もこの期間内に行います。

また、課税期間が6か月以上の課税事業者のうち、直前の課税期間（1年分）の消費税納税額が48万円超～４００万円以下に該当する場合は、課税期間開始から6か月を経過した日から2か月以内に「直前の課税期間（1年分）の消費税額の6か月分相当額」を中間申告しなければなりません。

納税額がさらに大きくなると、段階的に3か月ごと、1か月後ごとの申告・納税が必要になります。

消費税を払った方が得なこともある

免税事業者には、税金が免除されるというメリットがある一方で、仕入などにかかった消費税の控除は認められないので、その還付が受けられないというデメリットがあります。

創業時にまとまった量の仕入れを行った場合などは、売上にかかる消費税額よりも仕入れで支払った消費税額の方が多くなることがあります。

このような場合は、免税の条件を満たしている場合でも、課税事業者になるほうが有利になる場合があります。課税事業者となるためには、納税地を所轄する税務署に納税義務の免除を受けない旨の「消費税課税事業者選択届出書」を課税期間の開始の日の前日までに提出することが必要です。

ただし、一度選択すると2年間は変更できませんので、将来の状況も含めてよく検討することが必要です。

＊消費税と利率

令和元年10月1日から、消費税および地方消費税の税率が8％から10％に引き上げられています。ただし、この実施に際しては「経過措置」および「軽減税率制度」が導入されていますので、起業に際しても、消費税について知ることは必須となります。

改正情報は国税庁ホームページより、また軽減税率制度については電話相談センター（無料・ＴＥＬ０１２０－２０５－５５３）が設けられています。

◆会社の設立登記後の官公庁への届出

会社の登記が完了したら次に諸官庁への届出を行います。届出については、主に以下のようなものがあります。

① 税務署への届出
② 労働基準監督署への届出
③ 公共職業安定所への届出
④ 年金事務所への届出
⑤ 営業許可などの役所への届出
⑥ 銀行等への届出

各書類については届出期間が決まっているもの、添付書類が必要なもの、あるいは届出の書式が決まっているものなどがありますので、間違えないことが大切です。

事前に不安や疑問がある場合、たとえばどこの税務署へ行けばよいかわからない場合などについては、電話で問い合わせるとよいでしょう。

次ページ以降では、右記の順番で主な手続きと書式について解説します。

〔官公庁への届出・一覧〕

●税務署への届出	①法人設立届出書　②法人青色申告の承認申請書　③たな卸資産の評価方法の届出書　④減価償却資産の償却方法の届出書　⑤給与支払事務所等の開設届出書　⑥源泉所得税の納期の特例の承認に関する申請書 〔地方税〕法人設立届出書（都道府県と市区町村に提出）
●労働基準監督署への届出	①労働保険保険関係成立届　②労働保険概算保険料申告書　③就業規則届　④時間外労働・休日労働に関する協定書
●公共職業安定所への届出	①雇用保険適用事業所設置届　②労働保険関係成立届
●年金事務所への届出	①健康保険・厚生年金保険新規適用届　②被保険者資格取得届
●役所への届出	業務によって異なる（詳しくは218ページ参照）
●銀行等への届出	①当座取引約定書　②印鑑届

設立後
届出編
1

■税金関係の届出

税務署への必要な手続きと届出

▼法人設立届・青色申告承認申請書などがある

＊税金関係の届出先
　法人に課される税金には、国税と地方税とがあります。
　国税については各地の税務署、地方税については都道府県の税務事務所（東京の場合は都税事務所など）に届け出ることになります。

まずは税務署に行きましょう

　会社を設立して、まず届けなければならないのが税金関係の届出です。国税関係の届出と地方税関係の届出があります。これは、会社を設立したことを知らせるための届出です。

　官公庁に所定の用紙がありますので、これに必要事項を記載し、添付書類は自分で用意します。提出書類は次ページ以下の表にまとめましたので、参照してください。

　税務署への届出の注意点は、会社設立から届出までに提出期限があるということです。

・１か月以内…「給与支払事務所等の開設届出書」
・２か月以内…「法人設立届出書」
・確定申告締切りまで…「たな卸資産の評価方法の届出書」「減価償却資産の償却方法の届出書」
・３か月を経過した日か事業年度末のいずれか早い日の前日まで…「青色申告の承認申請書」

　このように、提出書類の届出の期間は同一ではないので注意する必要があります。

　なお、個人事業主で起業する人は以下の申請書を提出します。

・個人事業の改廃業等届出書
　提出納期：事業開始日から１か月以内
・所得税の青色申告承認申請書
　提出納期：開業が１月15日以前の場合は、その年の３月15日まで。開業が１月16日以降の場合は開業の日から２か月以内

・青色事業専従者給与に関する届出書

提出納期：開業が1月15日以前の場合は、その年の3月15日まで。開業が1月16日以降の場合は開業の日から2か月以内

税金関係の届出一覧

提出先	提出書類	添付書類	提出期限	問合せ先
税務署	1. 法人設立届出書	1. 設立時の貸借対照表 2. 定款の写し 3. 登記簿謄本 4. 株主名簿	会社設立後2か月以内	所轄税務署
税務署	2. 法人青色申告の承認申請書		設立の日から3か月を経過した日と、設立の日の属する事業年度終了の日とのいずれか早い日の前日。変更しようとするときは変更しようとする事業年度開始の日の前日まで	所轄税務署
税務署	3. たな卸資産の評価方法の届出書		設立年度の確定申告書の提出期限。変更するときは、変更しようとする事業年度開始の日の前日まで	所轄税務署
税務署	4. 減価償却資産の償却方法の届出書		設立第1期の確定申告書の提出期限	所轄税務署
税務署	5. 給与支払事務所等の開設届出書		支払事務所開設の日から1か月以内	所轄税務署
税務署	6. 源泉所得税の納期の特例の承認に関する申請書		特例を受けようとする月の前月末まで	所轄税務署
都道府県及び市区町村	法人設立届出書	定款の写し 登記事項証明書	地方により異なる ＊東京２３区は１５日以内	各自治体

法人設立届出書（会社を設立したことを報告する届出）

法人設立届出書

税務署受付印

※整理番号	

令和　年　月　日 税務署長殿 新たに内国法人を設立したので届け出ます。	本店又は主たる事務所の所在地	〒○○○-○○○○ 新宿区西新宿○丁目○番○号 電話（03）○○○○ — ××××
	納税地	〒○○○-○○○○ 新宿区西新宿○丁目○番○号
	（フリガナ）	○○ショウジカブシキガイシャ
	法人名	○○商事株式会社
	法人番号	1 2 3 4 5 6 7 8 9 0 1 2 3
	（フリガナ）	ヤマダ　イチロウ
	代表者氏名	山田　一郎　㊞
	代表者住所	〒○○○-○○○○　中野区中野○丁目○番○号 電話（03）○○○○ — ××××

設立年月日	令和　○○　年△月○日	事業年度	（自）△月○日（至）×月××日
設立時の資本金又は出資金の額	10,000,000円	消費税の新設法人に該当することとなった事業年度開始の日	令和　○○年○月○日

事業の目的	（定款等に記載しているもの） 食料品の販売 （現に営んでいる又は営む予定のもの） 同上	支店・出張所・工場等	名称	所在地

設立の形態	1　個人企業を法人組織とした法人である場合（　　　税務署）（整理番号：　　　） 2　合併により設立した法人である場合 3　新設分割により設立した法人である場合（□分割型・□分社型・□その他） 4　現物出資により設立した法人である場合 ⑤　その他（　　　）

設立の形態が2～4である場合の適格区分	適格・その他	添付書類	1　定款等の写し 2　その他 （　　　）
事業開始（見込み）年月日	令和　○○年　△月　○日		
「給与支払事務所等の開設届出書」提出の有無	㊒・無		
関与税理士　氏名			
関与税理士　事務所所在地	電話（　）　—		

①設立後2か月以内に所轄税務署に提出。

②所定用紙は税務署にある。

③代表者氏名の後の印は、代表者印（会社印）を使用。

④提出する添付書類は、
・設立時の貸借対照表
・定款の写し
・設立登記の登記簿謄本（履歴事項全部証明書）
・株主名簿の写し

なお、上記書式は、国税局、東京都、市町村の統一様式で、同様のものを東京都および市町村に提出。

法人青色申告承認申請書〔青色申告を承認してもらう〕

税務署受付印

青色申告の承認申請書

※整理番号

令和　年　月　日	納税地	〒○○○-○○○○ 新宿区西新宿○丁目○番○号 電話(03)○○○○ － ××××
	(フリガナ)	○○ショウジ カブシキガイシャ
	法人名等	○○商事株式会社
	法人番号	1 2 3 4 5 6 7 8 9 0 1 2 3
	(フリガナ)	ヤマダ イチロウ
	代表者氏名	山田一郎　㊞
	代表者住所	〒○○○-○○○○ 中野区中野○丁目○番○号
	事業種目	小売　業
税務署長殿	資本金又は出資金額	10,000,000　円

自令和△△年 △ 月 ○ 日
　事業年度から法人税の申告書を青色申告によって提出したいので申請します。
至令和××年 × 月××日

記

1　次に該当するときには、それぞれ□にレ印を付すとともに該当の年月日等を記載してください。

☑ 青色申告書の提出の承認を取り消され、又は青色申告書による申告書の提出をやめる旨の届出書を提出した後に再び青色申告書の提出の承認を申請する場合には、その取消しの通知を受けた日又は取りやめの届出書を提出した日　令和　年　月　日

□ この申請後、青色申告書を最初に提出しようとする事業年度が設立第一期等に該当する場合には、内国法人である普通法人若しくは協同組合等にあってはその設立の日、内国法人である公益法人等若しくは人格のない社団等にあっては新たに収益事業を開始した日又は公益法人等（収益事業を行っていないものに限ります。）に該当していた普通法人若しくは協同組合等にあっては当該普通法人若しくは協同組合等に該当することとなった日　令和　年　月　日

□ 法人税法第４条の５第１項（連結納税の承認の取消し）の規定により連結納税の承認を取り消された後に青色申告書の提出の承認を申請する場合には、その取り消された日　令和　年　月　日

□ 法人税法第４条の５第２項各号の規定により連結納税の承認を取り消された場合には、第４条の５第２項各号のうち、取消しの起因となった事実に該当する号及びその事実が生じた日　第４条の５第２項　号　令和　年　月　日

□ 連結納税の取りやめの承認を受けた日を含む連結親法人事業年度の翌事業年度に青色申告書の提出をしようとする場合には、その承認を受けた日　令和　年　月　日

2　参考事項
(1)　帳簿組織の状況

伝票又は帳簿名	左の帳簿の形態	記帳の時期	伝票又は帳簿名	左の帳簿の形態	記帳の時期
現金出納帳	ルーズリーフ	毎週	買掛帳	ルーズリーフ	毎週
現金出納帳	同　上	同上	経費帳	同　上	同上

＊中小法人等の定義

「中小法人等」に該当する場合は軽減税率等の優遇が認められています。法人税法上の「中小法人等」とは、普通法人のうち、各事業年度終了の時において資本金の額若しくは出資金の額が１億円以下であるもの等を指します。中小企業基本法における「中小企業」の定義とは異なります。

設立後
届出編
2

■保険関係の届出

年金事務所への必要な手続きと届出

▼健康保険・厚生年金保険新規適用届などがある

年金事務所への届出

社会保険には、健康保険、厚生年金保険、労働災害補償保険、雇用保険などがあります。このうち年金事務所では、健康保険と厚生年金保険を扱っています。

健康保険は、会社で働く人が病気やケガをした場合に医療給付や出産の場合に手当金の給付をするなどの制度です。厚生年金保険は、障害者になったときの障害年金、被保険者が死亡したときの遺族年金、老後の生活のための老齢年金の給付を主な内容とする制度です。

健康保険と厚生年金保険の加入については、従業員を１名以上雇用するすべての法人に義務づけられています。これは、労働災害補償保険や雇用保険と異なり、代表者（社長）も被保険者として加入することができます。

こうした社会保険にきちんと加入することは、求人をする場合などに重要です。社会保険が完備していることは応募する側にとっては、それだけ労働条件がよいことになり、魅力的だからです。

■年金事務所への届出一覧

提出先	提出書類	添付書類
管轄の年金事務所	1．健康保険・厚生年金保険新規適用届 2．被保険者資格取得届 ※提出期限、その他の問い合わせは年金事務所へ	被保険者資格取得届 被扶養者届 登記簿謄本 口座振替依頼書 厚生年金保険被保険者証（年金手帳） 賃貸借契約書の写しなど

健康保険・厚生年金保険新規適用届〔会社設立で初めて加入する場合〕

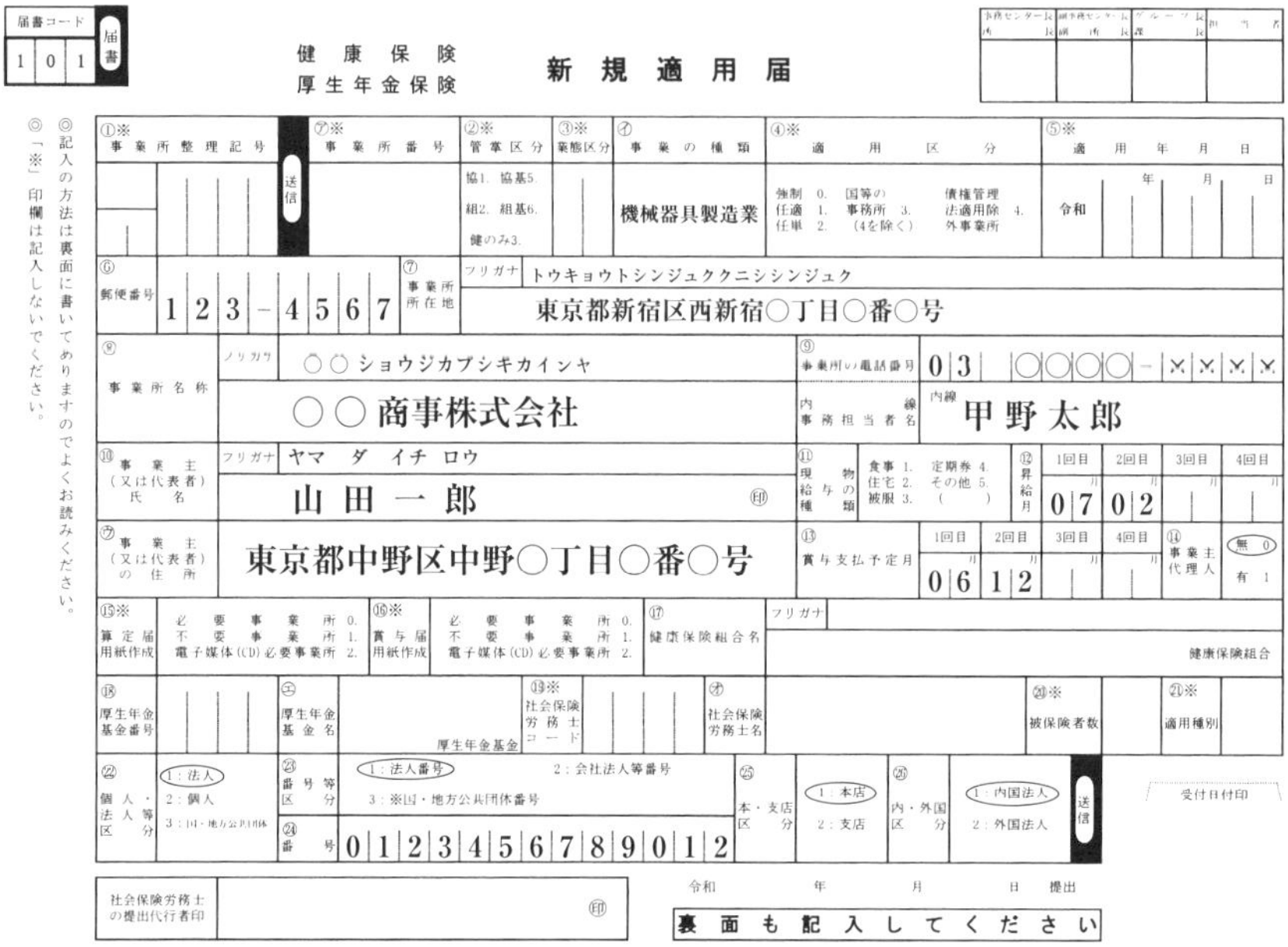

届書コード 101 届書

健康保険
厚生年金保険　新規適用届

◎記入の方法は裏面に書いてありますのでよくお読みください。
◎「※」印欄は記入しないでください。

①※事業所整理記号　⑦※事業所番号　②※管掌区分（協1. 協基5. 組2. 組基6. 健のみ3.）　③※業態区分　⑦事業の種類：機械器具製造業　④※適用区分（強制0. 任適1. 任単2. 国等の事務所3.（4を除く） 債権管理法適用除外事業所4.）　⑤※適用年月日：令和　年　月　日

⑥郵便番号：123－4567　⑦事業所所在地：フリガナ トウキョウトシンジュククニシシンジュク　東京都新宿区西新宿○丁目○番○号

⑧事業所名称：フリガナ ○○ショウジカブシキカイシャ　○○商事株式会社
⑨事業所の電話番号：03（○○○○）－××××　内線　事務担当者名：甲野太郎

⑩事業主（又は代表者）氏名：フリガナ ヤマ ダ イチ ロウ　山田一郎　㊞
⑪現物給与の種類：食事1. 住宅2. 被服3. 定期券4. その他5.（　）
⑫昇給月：1回目 07月　2回目 02月　3回目　4回目

⑦事業主（又は代表者）の住所：東京都中野区中野○丁目○番○号
⑬賞与支払予定月：1回目 06月　2回目 12月　3回目　4回目
⑭事業主代理人：無 0　有 1

⑮※算定届用紙作成：必要事業所0. 不要事業所1. 電子媒体(CD)必要事業所2.
⑯※賞与届用紙作成：必要事業所0. 不要事業所1. 電子媒体(CD)必要事業所2.
⑰健康保険組合名：フリガナ　健康保険組合

⑱厚生年金基金番号　㊀厚生年金基金名　厚生年金基金　⑲※社会保険労務士コード　㊁社会保険労務士名　⑳※被保険者数　㉑※適用種別

㉒個人・法人等区分：1：法人　2：個人　3：国・地方公共団体
㉓番号等区分：1：法人番号　2：会社法人等番号　3：※国・地方公共団体番号
㉔番号：0123456789012
㉕本・支店区分：1：本店　2：支店
㉖内・外国区分：1：内国法人　2：外国法人
送信　受付日付印

社会保険労務士の提出代行者印　㊞
令和　年　月　日提出
裏面も記入してください

健康保険と厚生年金保険への加入

従業員を雇用するすべての会社に加入が義務づけられています。

また、労働災害補償保険や雇用保険と違い、経営者である社長も加入できます。

加入の手続きなどは、以下のとおりです。

①社会保険に加入するための必要な申請等の用紙は年金事務所の窓口でもらうことができる。

②年金事務所によって提出書類が異なる場合もあり、また、設立したばかりの会社では用意できない書類もあるので、事前に管轄の年金事務所の窓口で相談するとよい。

③届出は会社設立後、速やかに行う。

④保険料は会社と被保険者が折半し、給料を支払った月の翌月末日までに納めなければならない。

⑤なお、会社が負担した社会保険料は税法上、損金扱いとなる。

■被保険者資格取得届〔個人個人が加入〕

様式コード
2200

健康保険
厚生年金保険
厚生年金保険

被保険者資格取得届
70歳以上被用者該当届

令和　年　月　日提出

受付印

提出者記入欄

事業所整理記号	−	事業所番号	
事業所所在地	届書記入の個人番号に誤りがないことを確認しました。 〒 123 − 4567 東京都新宿区西新宿〇丁目〇番〇号		
事業所名称	〇〇商事株式会社		
事業主氏名	山田一郎　㊞		
電話番号	03（〇〇〇〇）〇〇〇〇		

社会保険労務士記載欄
氏名等　㊞

被保険者1

①被保険者整理番号		②氏名	(ﾌﾘｶﾞﾅ) イノウエ　カズオ (氏) 井上　(名) 和夫	③生年月日	5.昭和 7.平成 9.令和　0 1 年 0 5 月 2 5 日
④種別	1.男　2.女　3.坑内員　5.男(基金)　6.女(基金)　7.坑内員(基金)				
⑤取得区分	1.健保・厚年　3.共済出向　4.船保任継	⑥個人番号〔基礎年金番号〕		⑦取得(該当)年月日	9.令和　0 1 年 0 7 月 0 1 日
⑧被扶養者	0.無　1.有				
⑨報酬月額	㋐(通貨) 260,000 円 ㋑(現物) 0 円	㋒(合計 ㋐+㋑)	260,000 円	⑩備考	該当する項目を〇で囲んでください。 1. 70歳以上被用者該当 2. 二以上事業所勤務者の取得 3. 短時間労働者の取得(特定適用事業所等) 4. 退職後の継続再雇用者の取得 5. その他（　）
⑪住所	日本年金機構に提出する際、個人番号を記入した場合は、住所記入は不要です。 〒 〇〇〇 — 〇〇〇〇 (ﾌﾘｶﾞﾅ) トウキョウトクニタチシフジミダイ 東京都国立市富士見台〇−〇−〇			理由	1.海外在住　2.短期在留　3.その他（　）

被保険者2

①被保険者整理番号		②氏名	(ﾌﾘｶﾞﾅ) (氏)　(名)	③生年月日	5.昭和 7.平成 9.令和　年　月　日
④種別	1.男　2.女　3.坑内員　5.男(基金)　6.女(基金)　7.坑内員(基金)				
⑤取得区分	1.健保・厚年　3.共済出向　4.船保任継	⑥個人番号〔基礎年金番号〕		⑦取得(該当)年月日	9.令和　年　月　日
⑧被扶養者	0.無　1.有				
⑨報酬月額	㋐(通貨)　円 ㋑(現物)　円	㋒(合計 ㋐+㋑)	円	⑩備考	該当する項目を〇で囲んでください。 1. 70歳以上被用者該当 2. 二以上事業所勤務者の取得 3. 短時間労働者の取得(特定適用事業所等) 4. 退職後の継続再雇用者の取得 5. その他（　）
⑪住所	日本年金機構に提出する際、個人番号を記入した場合は、住所記入は不要です。 〒　—　(ﾌﾘｶﾞﾅ)			理由	1.海外在住　2.短期在留　3.その他（　）

被保険者3

①被保険者整理番号		②氏名	(ﾌﾘｶﾞﾅ) (氏)　(名)	③生年月日	5.昭和 7.平成 9.令和　年　月　日
④種別	1.男　2.女　3.坑内員　5.男(基金)　6.女(基金)　7.坑内員(基金)				
⑤取得区分	1.健保・厚年　3.共済出向　4.船保任継	⑥個人番号〔基礎年金番号〕		⑦取得(該当)年月日	9.令和　年　月　日
⑧被扶養者	0.無　1.有				
⑨報酬月額	㋐(通貨)　円 ㋑(現物)　円	㋒(合計 ㋐+㋑)	円	⑩備考	該当する項目を〇で囲んでください。 1. 70歳以上被用者該当 2. 二以上事業所勤務者の取得 3. 短時間労働者の取得(特定適用事業所等) 4. 退職後の継続再雇用者の取得 5. その他（　）
⑪住所	日本年金機構に提出する際、個人番号を記入した場合は、住所記入は不要です。 〒　—　(ﾌﾘｶﾞﾅ)			理由	1.海外在住　2.短期在留　3.その他（　）

被保険者4

①被保険者整理番号		②氏名	(ﾌﾘｶﾞﾅ) (氏)　(名)	③生年月日	5.昭和 7.平成 9.令和　年　月　日
④種別	1.男　2.女　3.坑内員　5.男(基金)　6.女(基金)　7.坑内員(基金)				
⑤取得区分	1.健保・厚年　3.共済出向　4.船保任継	⑥個人番号〔基礎年金番号〕		⑦取得(該当)年月日	9.令和　年　月　日
⑧被扶養者	0.無　1.有				
⑨報酬月額	㋐(通貨)　円 ㋑(現物)　円	㋒(合計 ㋐+㋑)	円	⑩備考	該当する項目を〇で囲んでください。 1. 70歳以上被用者該当 2. 二以上事業所勤務者の取得 3. 短時間労働者の取得(特定適用事業所等) 4. 退職後の継続再雇用者の取得 5. その他（　）
⑪住所	日本年金機構に提出する際、個人番号を記入した場合は、住所記入は不要です。 〒　—　(ﾌﾘｶﾞﾅ)			理由	1.海外在住　2.短期在留　3.その他（　）

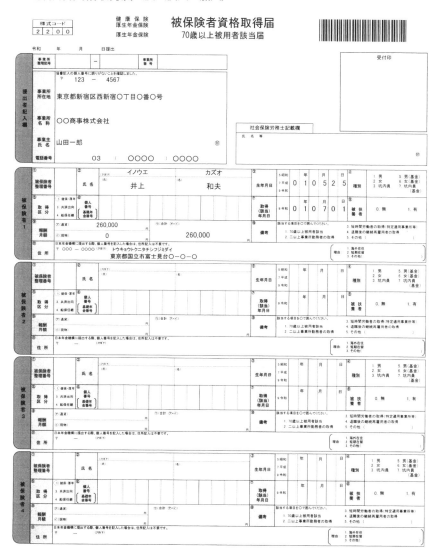

設立後届出編 3

■労働関係の届出

労働基準監督署への必要な手続きと届出

▼労働保険関係成立届・就業規則届などがある

労働基準監督署への届出

会社を設立し、従業員を雇用する場合には、労働基準監督署へ、以下の届出が必要になります。

従業員を雇用するようになったとき遅滞なく届出をします。

・労働保険関係成立届

保険関係が成立した日の翌日から起算して10日以内

・概算保険料申告書

保険関係成立から50日以内

また、常時10人以上の従業員を雇用する場合には労働条件等を定めた就業規則および社員代表の意見書を作成し、提出する必要があります。

就業規則には、以下のような内容を盛り込む必要があります。

・始業および終業の時刻、休憩時間、休日休暇に関する事項

・賃金（臨時の賃金を除く）の決定、計算および支払方法、賃金の締切りおよび支払時期ならびに昇給に関する事項

・退職に関する事項（解雇の事由を含む）

また、従業員に時間外労働や休日労働をさせる場合は、従業員の代表と書面による労使協定を結び、労働基準監督官に届け出る必要があります。

＊労働基準監督署

労働基準監督署は、労働基準法などの労働関連法令の違反防止のために、各都道府県管内に設置されています。届出手続きはここでします。

なお、上部の監督機構としては、厚生労働省に労働基準局、各都道府県に労働局が置かれています。

■労働基準監督署への届出一覧

提出先	提出書類	添付書類	提出期限	問合せ先
	1. 労働保険保険関係成立届		保険関係が成立した日の翌日から起算して10日以内	所轄労働基準監督署
	2. 労働保険概算保険料申告書		保険関係成立から50日以内	所轄労働基準監督署
	3. 就業規則届	1. 就業規則 2. 意見書	常時10人以上の労働者を使用する場合、遅滞なく	所轄労働基準監督署
	4. 時間外労働、休日労働に関する協定書	労働者代表との書面による協定書の写し	時間外または休日に労働させようとする場合、事前に	所轄労働基準監督署

労働保険関係成立届〔従業員を雇用したら届け出る〕

⑯種別 31600

労働保険
0：保険関係成立届(継続)(事務処理委託届)
1：保険関係成立届(有期)
2：任意加入申請書(事務処理委託届)

令和○○年 ○月 ○日

新宿 ~~労働局長~~ 労働基準監督署長 ~~公共職業安定所長~~ 殿

下記のとおり (イ) 届けます。(31600,31601の時)
~~(ロ) 労災保険~~ ~~(ハ) 雇用保険~~ の加入を申請します。(31602の時)

※修正項目番号　※漢字修正項目番号

※労働保険番号：府県｜所掌｜管轄(1)｜基幹番号｜枝番号 （項1）

事業主

⑰住所〈カナ〉
- 郵便番号 000－0000（項2）
- 住所 シンジュクク（項3）
- 住所(つづき) ニシシンジュク（項4）
- 住所(つづき) 0－0－0（項5）
- 住所(つづき)（項6）

⑱住所〈漢字〉
- 住所 新宿区（項7）
- 住所(つづき) 西新宿（項8）
- 住所(つづき) 0－0－0（項9）
- 住所(つづき)（項10）

⑲名称・氏名〈カナ〉
- 名称・氏名 0000ショウジ（項11）
- 名称・氏名(つづき) カブシキガイシヤ（項12）
- 名称・氏名(つづき)（項13）
- 電話番号(市外局番) 03 (市内局番) 0000 (番号) ××××（項14）

⑳名称・氏名〈漢字〉
- 名称・氏名 ○○商事（項15）
- 名称・氏名(つづき) 株式会社（項16）
- 名称・氏名(つづき)（項17）

①本社又は本店	所在地		
	名称		
②事業	所在地	郵便番号　電話番号　－　－　番	
	名称		
③事業の概要			
④事業の種類			
⑤加入済の労働保険	(イ) 労災保険 (ロ) 雇用保険		
⑥保険関係成立年月日	(労災) 年 月 日		
	(雇用) 年 月 日		
⑦雇用保険被保険者数	一般・短期	人	
	日雇	人	
⑧賃金総額の見込額	千円		
⑨委託事務組合	所在地	郵便番号　電話番号　－　－　番	
	名称		
	代表者氏名	記名押印又は署名　㊞	
⑩委託事務内容			
⑪事業開始年月日	年 月 日		
⑫事業廃止等年月日	年 月 日		
⑬建設の事業の請負金額	円		
⑭立木の伐採の事業の素材見込生産量	立方メートル		
⑮発注者	住所又は所在地	郵便番号	
	氏名又は名称	電話番号　－　－　番	

＊労災保険と雇用保険

従業員を雇った場合は、労働災害補償保険と雇用保険の加入が義務づけられる。

①労働保険保険関係成立届の用紙は労働基準監督署でもらえる。

②加入時期は、設立時から従業員がいるときは、設立と同時に加入が義務づけられる。

③手続きは、保険関係が成立した日の翌日から起算して10日以内にしなければならない。

労働保険概算保険料申告書〔保険料の概算を申告する〕

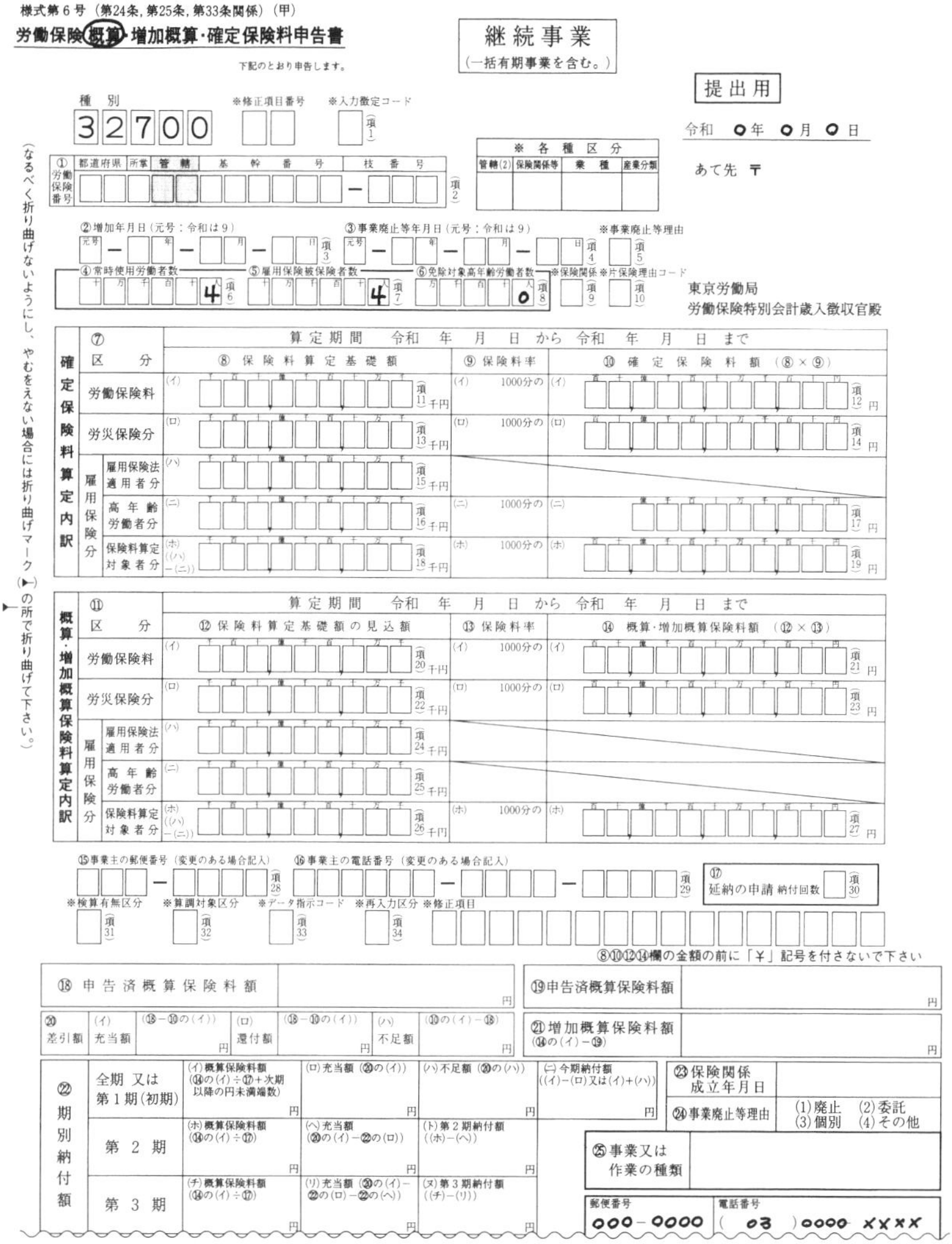
様式第6号（第24条，第25条，第33条関係）（甲）

労働保険（概算）・増加概算・確定保険料申告書

下記のとおり申告します。

継続事業（一括有期事業を含む。）

提出用

種別 32700　※修正項目番号　※入力徴定コード

令和 ○年 ○月 ○日

あて先 〒

東京労働局
労働保険特別会計歳入徴収官殿

①労働保険番号（都道府県・所掌・管轄・基幹番号・枝番号）

※各種区分（管轄(2)・保険関係等・業種・産業分類）

②増加年月日（元号：令和は9）　③事業廃止等年月日（元号：令和は9）　※事業廃止等理由

④常時使用労働者数 4　⑤雇用保険被保険者数 4　⑥免除対象高年齢労働者数 0　※保険関係　※片保険理由コード

確定保険料算定内訳

⑦区分	⑧保険料算定基礎額	⑨保険料率	⑩確定保険料額（⑧×⑨）
算定期間	令和　年　月　日から令和　年　月　日まで		
労働保険料	(イ)　千円	(イ) 1000分の	(イ)　円
労災保険分	(ロ)　千円	(ロ) 1000分の	(ロ)　円
雇用保険分 雇用保険法適用者分	(ハ)　千円		
雇用保険分 高年齢労働者分	(ニ)　千円	(ニ) 1000分の	(ニ)　円
雇用保険分 保険料算定対象者分	(ホ)((ハ)−(ニ))　千円	(ホ) 1000分の	(ホ)　円

概算・増加概算保険料算定内訳

⑪区分	⑫保険料算定基礎額の見込額	⑬保険料率	⑭概算・増加概算保険料額（⑫×⑬）
算定期間	令和　年　月　日から令和　年　月　日まで		
労働保険料	(イ)　千円	(イ) 1000分の	(イ)　円
労災保険分	(ロ)　千円	(ロ) 1000分の	(ロ)　円
雇用保険分 雇用保険法適用者分	(ハ)　千円		
雇用保険分 高年齢労働者分	(ニ)　千円		
雇用保険分 保険料算定対象者分	(ホ)((ハ)−(ニ))　千円	(ホ) 1000分の	(ホ)　円

⑮事業主の郵便番号（変更のある場合記入）　⑯事業主の電話番号（変更のある場合記入）　⑰延納の申請 納付回数

※検算有無区分　※算調対象区分　※データ指示コード　※再入力区分　※修正項目

⑧⑩⑫⑭欄の金額の前に「￥」記号を付さないで下さい

⑱申告済概算保険料額　円　⑲申告済概算保険料額　円

⑳差引額 (イ)充当額（⑱−⑩の(イ)）円　(ロ)還付額（⑱−⑩の(イ)）円　(ハ)不足額（⑩の(イ)−⑱）円

㉑増加概算保険料額（⑭の(イ)−⑲）円

㉒期別納付額				
全期又は第1期（初期）	(イ)概算保険料額（⑭の(イ)÷⑰＋次期以降の円未満端数）円	(ロ)充当額（⑳の(イ)）円	(ハ)不足額（⑳の(ハ)）円	(ニ)今期納付額（(イ)−(ロ)又は(イ)＋(ハ)）円
第2期	(ホ)概算保険料額（⑭の(イ)÷⑰）円	(ヘ)充当額（⑳の(イ)−㉒の(ロ)）円	(ト)第2期納付額（(ホ)−(ヘ)）円	
第3期	(チ)概算保険料額（⑭の(イ)÷⑰）円	(リ)充当額（⑳の(イ)−㉒の(ロ)−㉒の(ヘ)）円	(ヌ)第3期納付額（(チ)−(リ)）円	

㉓保険関係成立年月日

㉔事業廃止等理由　(1)廃止　(2)委託　(3)個別　(4)その他

㉕事業又は作業の種類

郵便番号 000−0000　電話番号（03）0000 XXXX

（なるべく折り曲げないようにし、やむをえない場合には折り曲げマーク（▶）の所で折り曲げて下さい。）

＊労働災害補償保険の保険料

保険料は、概算で支払うことになる。差額は翌年度に清算することになる。申告書の用紙は労働基準監督署にある。

設立後届出編

4

■雇用保険の届出

公共職業安定所への必要な手続きと届出

▼雇用保険適用事業所設置届・雇用保険被保険者資格取得届がある

公共職業安定所への届出

従業員を採用したら労働基準監督署だけではなく、公共職業安定所へ雇用保険の届出も必要になります。

雇用保険とは従業員が会社を退職した場合に、一定の期間、一定金額の失業給付がなされるものです。

この雇用保険を扱うのは公共職業安定所（ハローワーク）です。労働保険番号は労働基準監督署で与えられた番号です。この労働保険番号は、保険関係成立届に記載され、今後、会社が行う労働保険関係の届出には必ず必要となるものです。

従業員がいない場合には、この手続きは不要ですが、もし、従業員がいるのにこの手続きを忘れていると、この従業員が退職することになった場合に失業給付がもらえないことになり、トラブルになることもありますので、手続きは忘れずにしましょう。

届出期限は、従業員を雇い入れた日の翌日から起算して10日以内です。雇用保険に入ると、雇用保険被保険者証が発行されます。

なお、会社の役員は、一般には労働保険の対象外とされています。しかし、代表権がなくて取締役ではあるが、従業員として働いている人の場合には、どちらの性格が強いかによって判断されます。役員報酬を定めたものや、社員総会の議事録などが判断の材料となります。

■公共職業安定所への届出一覧

提出先	提出書類	添付書類	提出期限	問合せ先
公共職業安定所	①雇用保険適用事業所設置届	登記簿謄本 労働者名簿 出勤簿またはタイムカードなど	設置の日の翌日から起算して10日以内	公共職業安定所
	②雇用保険被保険者資格取得届		資格取得の事実があった日の翌月10日まで	公共職業安定所

雇用保険適用事業所設置届〔雇用保険に会社が加入する手続き〕

雇用保険適用事業所設置届　（必ず第2面の注意事項を読んでから記載してください。）

※　事業所番号

帳票種別　12001

1. 法人番号（個人事業の場合は記入不要です。）

下記のとおり届けます。
公共職業安定所長　殿
令和　年　月　日

（この用紙は、このまま機械で処理しますので、汚さないようにしてください。）

2. 事業所の名称（カタカナ）
ヤマダ゛シヨウシ゛カフ゛シキカ゛イシャ

事業所の名称〔続き（カタカナ）〕

3. 事業所の名称（漢字）
山田商事株式会社

事業所の名称〔続き（漢字）〕

4. 郵便番号
□□□－□□□□

5. 事業所の所在地（漢字）※市・区・郡及び町村名
東京都新宿区西新宿

事業所の所在地（漢字）※丁目・番地
〇丁目〇番〇号

事業所の所在地（漢字）※ビル、マンション名等

6. 事業所の電話番号（項目ごとにそれぞれ左詰めで記入してください。）
市外局番　市内局番　番号

7. 設置年月日
5－020130　（3 昭和　4 平成　5 令和）
元号　年　月　日

8. 労働保険番号
府県　所掌　管轄　基幹番号　枝番号

※公共職業安定所記載欄　9. 設置区分（1 当然　2 任意）　10. 事業所区分（1 個別　2 委託）　11. 産業分類　12. 台帳保存区分（1 日雇被保険者のみの事業所　2 船舶所有者）

13. 事業主	住所（フリガナ）（法人のときは主たる事務所の所在地）	トウキョウトシンジュククニシシンジュク 東京都新宿区西新宿〇丁目〇番〇号	17. 常時使用労働者数	4人
	名称（フリガナ）	ヤマダショウジカブシキガイシャ 山田商事株式会社	18. 雇用保険被保険者数	一般 4人 日雇 人
	氏名（フリガナ）（法人のときは代表者の氏名）	ヤマダ　イチロウ 山田　一郎　記名押印又は署名 印	19. 賃金支払関係	賃金締切日 10日 賃金支払日 当・翌月 25日
14. 事業の概要（鉱業の場合は鉱船の総トン数を記入すること）		コンピュータおよび周辺機器の販売	20. 雇用保険担当課名	課 係
15. 事業の開始年月日		令和 2年 1月 30日　※事業の16. 廃止年月日　令和　年　月　日	21. 社会保険加入状況	健康保険 厚生年金保険 労災保険

備考		※	所長	次長	課長	係長	係	操作者

（この届出は、事業所を設置した日の翌日から起算して10日以内に提出してください。）

2019. 5

＊雇用保険の適用範囲
適用範囲は、「31日以上の雇用見込みがあること」、「1週間の所定労働時間が20時間以上であること」となっています。数カ月程度の雇用契約の社員についても適用の範囲となります。

■雇用保険被保険者資格取得届〈雇用保険に従業員の各自が加入する届〉

様式第2号

雇用保険被保険者資格取得届

標準字体 0 1 2 3 4 5 6 7 8 9

（必ず第２面の注意事項を読んでから記載してください。）

帳票種別 17101

1. 個人番号

2. 被保険者番号

3. 取得区分 2（1 新規 2 再取得）

4. 被保険者氏名 井上　和夫　フリガナ（カタカナ） イノウエ カズオ

5. 変更後の氏名　フリガナ（カタカナ）

6. 性別 1（1 男 2 女）

7. 生年月日 1-010525（2 大正 3 昭和 4 平成 5 令和）元号 年 月 日

8. 事業所番号

9. 被保険者となったことの原因 2

1 新規雇用（新規学卒）
2 新規雇用（その他）
3 日雇からの切替
4 その他
8 出向元への復帰等（65歳以上）

10. 賃金（支払の態様－賃金月額：単位千円） 1-260（1 月給 2 週給 3 日給 4 時間給 5 その他）百万 十万 万 千円

11. 資格取得年月日 5-010701（4 平成 5 令和）元号 年 月 日

12. 雇用形態（1 日雇 2 派遣 3 パートタイム 4 有期契約労働者 5 季節的雇用 6 船員 7 その他）

13. 職種（01〜11）第２面参照

14. 就職経路（1 安定所紹介 2 自己就職 3 民間紹介 4 把握していない）

15. １週間の所定労働時間　時間 分

16. 契約期間の定め 2

1 有 ― 契約期間　元号 年 月 日 から 元号 年 月 日 まで（4 平成 5 令和）

契約更新条項の有無（1 有 2 無）

2 無

事業所名　　備考

17欄から22欄までは、被保険者が外国人の場合のみ記入してください。

17. 被保険者氏名（ローマ字）（アルファベット大文字で記入してください。）

被保険者氏名〔続き（ローマ字）〕

18. 国籍・地域

19. 在留資格

20. 在留期間　西暦 年 月 日 まで

21. 資格外活動許可の有無（1 有 2 無）

22. 派遣・請負就労区分（1 派遣・請負労働者として主として当該事業所以外で就労する場合 2 1に該当しない場合）

※公共職業安定所記載欄

23. 取得時被保険者種類（1 一般 2 短期常態 3 季節 11 高年齢被保険者（65歳以上））

24. 番号複数取得チェック不要（チェック・リストが出力されたが、調査の結果、同一人でなかった場合に「1」を記入。）

25. 国籍・地域コード（18欄に対応するコードを記入）

26. 在留資格コード（19欄に対応するコードを記入）

雇用保険法施行規則第6条第1項の規定により上記のとおり届けます。

令和　年　月　日

住所

事業主　氏名　記名押印又は署名　印

電話番号

公共職業安定所長　殿

社会保険労務士記載欄	作成年月日・提出代行者・事務代理者の表示	氏名	電話番号
		印	

※所長	次長	課長	係長	係	操作者

※備考

確認通知　令和　年　月　日

2019. 5

＊雇用保険の手続き

雇用保険適用事業所設置届と同時に雇用保険被保険者資格取得届を出す。

①以前に会社勤めの経験があり、被保険者であった場合には、雇用保険被保険者証を従業員から預かり手続きをする。

②保険料の納付については、労働保険と一緒に概算額を前納することになる。

設立後届出編 5

■許認可の申請・届出

営業許可などの役所への申請手続きと届出

▼業種によっては営業の許可申請や届出をしなければならない

事前にきちんと調べておきましょう

自分が行う事業に許認可が必要かどうか、必要な場合、どのような手続きを行うべきか、許認可取得までにかかる期間や費用はどの程度かといったことは、事前にきちんと調べておく必要があります。

許認可は、許可、登録、免許、届出の4つに大きく分けることができます。

①**許可**…開業前に申請をし、審査・承認されて営業ができる。

②**登録**…開業前に申請をし、審査・登録が承認されて営業ができる。

③**免許**…開業前に申請をし、審査・承認され免許が下りて営業ができる。

④届出…開業前に報告書を提出すればよい。

許認可を必要とする業種は多い

この許認可を要する業種は多岐にわたり（次頁表参照）、もし無断で営業すると、営業停止になったり、罰則を受けたりすることになります。

なお、1つの業種でも複数の許認可を必要とする場合があり、申請先も異なる場合が多いので、あらかじめ関係する官庁に相談するといいでしょう。

＊書類作成が難しい場合
業種によっては、提出書類を本人で作成するのが大変な場合があります。こうした場合は、行政書士に作成を依頼するのもよいでしょう。

■主な許認可を必要とする事業

保健所	警察署	都道府県庁およびその他官庁
・飲食店営業 ・菓子製造業 ・食肉販売業 ・魚介類販売業 ・旅館業 ・理容業 ・美容業 ・クリーニング業 ・医薬品等の販売業 など	・マージャン店 ・古物商 ・警備業 ・指定自動車教習所 など	・酒類販売業 ・各種学校 ・旅行業 ・宅地建物取引業 ・建設業 ・運送業 ・人材派遣業 ・自動車整備業 ・ガソリンスタンド など

＊許認可事業は定款に記載する

許認可を必要となる業種を行う場合、必ず、定款に定められ、登記されていなければなりません。これらがないと、許認可がおりませんので定款作成時に注意しましょう。

設立後届出編

6

■金融取引の届出

金融機関への必要な手続きと届出

▼手形小切手を使うなら、当座預金の口座が必要

金融機関への届出

銀行等の金融機関と会社との付合いは、出資の払込みから始まります。出資金が払い込まれ会社の登記が終わると、普通口座が開設され、銀行等の金融機関との取引が始まります。

金融機関には取引印の提出が必要で、通常は銀行印を作って登録します。

当座取引の口座の開設

企業活動では、手形や小切手による支払いがよく利用されます。この手形小切手を振り出すには、銀行との間で当座取引契約をしなければなりません。

しかし、設立したての会社がすぐに当座取引ができるとは限りません。銀行は会社から登記簿謄本（登記事項証明書）や印鑑証明書を提出してもらい、業務内容や信用状況を審査し、口座を開設するかどうかを判断します。

会社の方針が手形小切手は振り出さずに、すべて現金決済でいくという方針であれば、当座取引約定書を銀行等の金融機関と取り交わす必要はありません。

■銀行等への届出一覧

提出先	提出資料	添付書類	問合せ先
銀行等	①印鑑届		銀行等
	②当座取引約定書	㋑登記簿謄本（登記事項証明書） ㋺印鑑証明書 ㋩代表者個人の印鑑証明書	銀行等

巻末資料

イザというときの相談先＆情報入手先

資料①起業や経営に関する

イザというときの相談先

起業に関する相談

●**都道府県等中小企業支援センター**　都道府県単位にあり、創業希望者、経営の向上を図るベンチャー企業・中小企業等の相談に応じています。
各都道府県の支援センターの電話番号は中小企業庁のホームページに掲載されています。

●**中小機構**　全国の中小機構各地域本部では、中小企業の方が気軽に経営相談等を受けることができる電話相談窓口（ホットライン）を開設しています。
経営相談ホットライン　☎050－3171－8814

●**商工会・商工会議所**　全国各地にあり、地元企業からの様々な経営相談に応じています。

●**都道府県中小企業担当課**　各都道府県の中小企業の相談窓口です。市区町村などの自治体でも相談に応じているところがあります。

会社の設立登記に関する相談

●**司法書士**　司法書士は登記に関するプロです。本人で設立登記をしない場合には、司法書士に登記を依頼することになります。また全国各地に司法書士相談センターが設けられています。詳しくは各都道府県の司法書士会までお問い合わせ下さい。
日本司法書士会連合会　☎03－3359－4171

会社設立後の届出手続きの相談

●**行政書士**　行政書士は、役所に提出する申請書類（許認可等）の作成・申請代行、相談などの業務を行います。幅広い業務を行いますので、有能な行政書士がついていると安心です。
日本行政書士会連合会　☎03－6435－7330

●**社会保険労務士**　社会保険労務士は社会保険、人事・労務管理、年金関係の業務を行うプロです。具体的には、労働保険・年金関係等の申請書の作成・提出、相談などを行います。

各都道府県ごとに無料相談できる総合労働相談所を設置しています。

総合労働相談所　☎0570－064－794

許認可事業に関する相談

●**都道府県中小企業担当課**　許認可についての都道府県の相談窓口です。必要な許認可について相談することができます。

●**保健所**　飲食店、理・美容業、食肉・魚介類販売業、旅館等については、保健所の許可が必要です。

●**警察**　リサイクルショップ、警備業、指定自動車教習所等は、警察の許可が必要です。

起業資金等に関する相談

●**日本政策金融公庫**　新規開業ローン（新規開業資金）があり、融資額の上限は7200万円（内運転資金は4800万円以内）となっています（条件あり）。また、女性、若者、シニア起業家資金もあります。資金が必要な人は、まず相談してください。

事業資金相談ダイヤル　☎0120－154－505

●**都道府県などの自治体**　都道府県や市区町村では、創業支援資金の貸付制度を設けているところも多くあります。会社を設立する自治体で確認してください。

法律トラブルに関する相談

●**弁護士**　法律問題は弁護士が扱います。設立に関するトラブル、開業後の取引のトラブルなど、本人で処理できない問題については弁護士に依頼するとよいでしょう。中小企業のための電話相談「ひまわりほっとダイヤル」（30分間無料）も行っています

ひまわりほっとダイヤル　☎0570－001－240

税務に関する相談

●**税理士**　税理士は税金のエキスパートです。税務申告や諸手続きについて相談したい場合には、最寄りの税理士会に相談してください。

日本税理士会連合会　☎03－5435－0931

●**各地の税務署**　各地の税務署では、税務相談に応じています。

特許や実用新案等知的財産権に関する相談

●**弁理士**　弁理士は特許、実用新案、意匠、商標などの出願や異議申立てなどを業務とする知的財産権に関するプロです。無料の特許相談も行っています。

特に、特許を持って独立起業する場合には、一度、相談してみるとよいでしょう。

各地域の弁理士会の電話番号は、日本弁理士会のホームページに掲載されています。

巻末資料②

起業でのお役立ちリンク集

●国税庁タックスアンサー

https://www.nta.go.jp/taxanswer/index2.htm

法人設立届出書など税金に係わる各種申請書フォーマットが入手できます。税務に関するよくある質問の回答が多数閲覧できます。

●法務局

https://houmukyoku.moj.go.jp/homu/static/index.html

全国の登記所の連絡先一覧があります。オンライン申請についての詳しい説明もあります。

●日本政策金融公庫

https://www.jfc.go.jp/

起業の際や起業後のイザという時に頼りになる金融機関。中小企業経営に関する情報も豊富にあります。

●日本公証人連合会

https://www.koshonin.gr.jp/index2.html

全国の公証人役場の連絡先一覧。会社の定款記載例や定款に関するQ&Aがあります。

●全国中小企業団体中央会

https://www.chuokai.or.jp/

中小企業政策紹介、企業組合設立・運営ガイドなどが掲載されています。日本全国の組合ホームページの検索ができます。

●日本商工会議所

https://www.jcci.or.jp/

創業および新規事業展開に役立つ情報や融資制度その他支援制度を掲載しています。

●日本フランチャイズチェーン協会

https://jfa.jfa-fc.or.jp/

フランチャイズに関する様々な情報を提供しています。フランチャイズ本部の加盟条件なども閲覧できます。

●中小企業庁

https://www.chusho.meti.go.jp/

起業家向け、中小企業向けの様々な支援情報があります。中小企業の実態を解説した「中小企業白書」も公開しています。

●ドリームゲート

https://www.dreamgate.gr.jp/

経済産業省の後援を受けて「起ちあがれニッポン」をキャッチフレーズに起業支援を行っている団体です。様々な起業・ベンチャー支援情報を掲載しています。

●TKC全国会

https://www.tkc.jp/

最新の業種別の決算情報などが掲載されています。

●総務省統計局

https://www.stat.go.jp/index.htm

国勢調査、経済センサス、家計調査などのデータを閲覧できます。起業しようとしている分野の事業性や市場動向分析に役立ちます。

●全国信用保証協会連合会

http://www.zenshinhoren.or.jp/

金融機関から事業資金を調達する際に利用できる信用保証制度の仕組みや全国の信用保証協会の連絡先一覧などを紹介しています。

●NPO 公式ホームページ

https://www.npo-homepage.go.jp/

内閣府による NPO 公式サイト。NPO 法人制度や設立手続きに関する情報を紹介しています。活動分野毎の NPO 法人数も掲載されています。

●一般社団法人及び一般財団法人制度 Q＆A（法務省）

http://www.moj.go.jp/MINJI/minji153.html

一般社団法人及び一般財団法人の制度の概要や設立の方法などを Q＆A 方式で説明しています。

起業をするなら この1冊

[初版発行] ……………………2007 年 7 月 20 日
[第 6 版発行] …………………2020 年 4 月 17 日
[著者]………………………………………馬渡　晃
[法律監修]…………………………………吉田杉明
[編集]………………有限会社生活と法律研究所
[発行所] ……………………株式会社自由国民社
〒171-0033　東京都豊島区高田 3-10-11
☎03-6233-0781（販売）
☎03-6233-0786（編集）
http://www.jiyu.co.jp/
振替 00100-6-189009
[発行人]……………………………………伊藤　滋
[印刷所] ………………………横山印刷株式会社
[製本所] ………………………新風製本株式会社

[著者略歴]
馬渡　晃（まわたり　あきら）
経営コンサルタント。
株式会社ティップトップマーケティング　代表取締役
1986 年早稲田大学政治経済学部卒業後、情報サービス会社、シンクタンク、コンサルティング会社等を経て現職。
主な著書に、「球場のビールはなぜ 800 円でも売れるのか～逆転の発想が会社を大きくする～」、「きっと月曜日が待ち遠しくなる～41 のワザとヒント～」、「上司はエラくて、部下はバカ？」「起業成功 7 つの法則」（以上自由国民社）、「食ニュースのウソ・ホント」（日経 BP 社）などがある。
Ｅメール：akiramawatari@tiptopm.co.jp
ＵＲＬ：http://www.tiptopm.co.jp

[法律監修]
吉田杉明（よしだ　すぎあき）
昭和 21 年 7 月 3 日に栃木県に生まれる。明治大学法学部卒業。
第一東京弁護士会所属。
著書に「実用法律用語事典」(共著)「イラスト六法わかりやすい借家」「イラスト六法わかりやすい相続」（以上いずれも自由国民社刊）などがある。
東京三弁護士会交通事故処理委員会委員、東京地方裁判所建築紛争部の調停委員などを歴任し、扱った事案は、建築瑕疵・民事再生・独禁法違反・刑事事件・相続・交通事故等多種多様である。

[企画・製作] ㈲生活と法律研究所
神木　正裕、眞田　りえ子